Couverture inférieure manquante

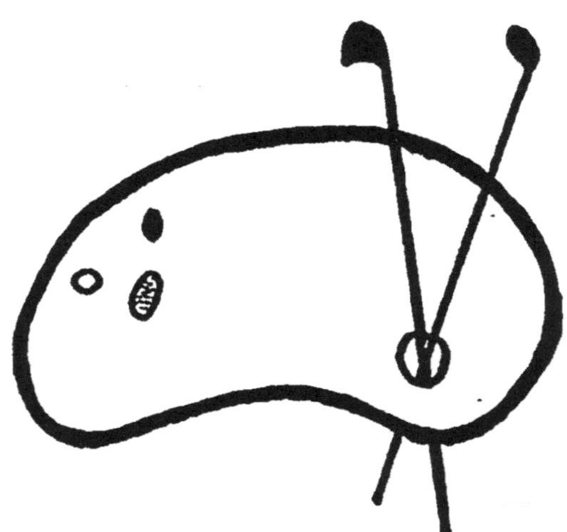

DEBUT D'UNE SERIE DE DOCUMENTS
EN COULEUR

# L'Egypte préhistorique



PAR

A.-J. REINACH

PARIS
ÉDITIONS DE *LA REVUE DES IDÉES*
ET LIBRAIRIE PAUL GEUTHNER
68, RUE MAZARINE, 68

1908

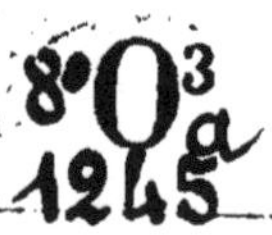

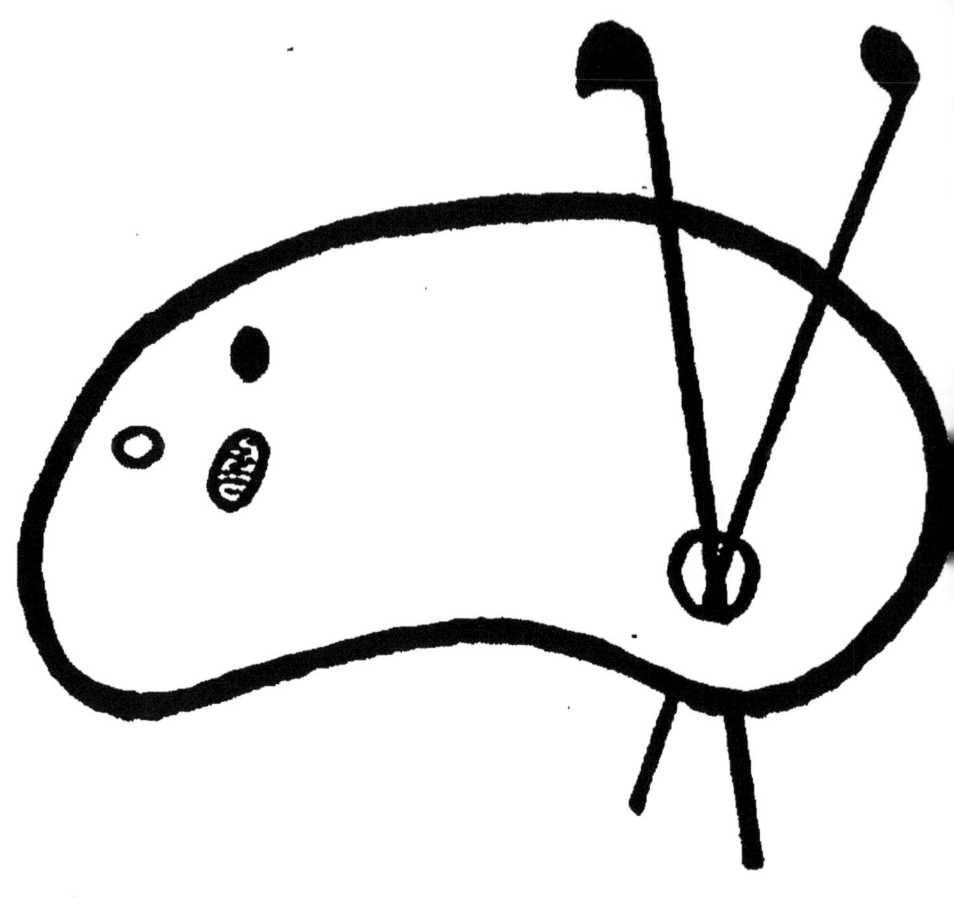

FIN D'UNE SERIE DE DOCUMENTS
EN COULEUR

# L'ÉGYPTE PRÉHISTORIQUE

# L'Egypte préhistorique



PAR

A.-J. REINACH

PARIS
ÉDITIONS DE *LA REVUE DES IDÉES*
ET LIBRAIRIE PAUL GEUTHNER
68, RUE MAZARINE, 68

1908

# L'ÉGYPTE PRÉHISTORIQUE (1)

Pendant longtemps, l'horizon de l'Égypte s'est arrêté à ces pyramides, témoignages fameux de la puissance des trois dynasties memphites (III$^{e}$-VI$^{e}$), qui, de 3.000 environ à 2.500 (1), auraient laissé dans ces monuments l'empreinte d'une civilisation parvenue aussitôt, comme par miracle, à tout l'éclat de sa maturité. En 1896 encore, dans sa grande *Histoire ancienne des peuples de l'Orient*, M. Maspero, tout en reconnaissant les affinités libyennes du fond de la population, protestait contre la tradition, rapportée par Diodore, aux termes de laquelle les civilisateurs de l'Égypte seraient venus d'Éthiopie, le long de la vallée du Nil. Au lieu de descendre le cours du Nil, la civilisation l'aurait remonté et, seul, le Delta chaldéen avait pu fournir au Delta égyptien les éléments essentiels d'une culture trop brillante pour qu'on pût se résigner à lui reconnaître les humbles origines des âges de la pierre qui semblaient réservés aux climats ingrats du nord de l'Europe.

Pourtant, en même temps que les îles et les côtes de la mer Égée commençaient à révéler, sous les palais helléniques et préhelléniques, un sous-sol qu'il avait fallu des milliers d'années aux troglodytes pour combler de leurs débris, ces mêmes débris de l'âge de la pierre frappaient l'attention des savants venus, en 1869, pour assister à l'inauguration du canal de

(1) Un bon résumé des questions relatives à l'Égypte préhistorique est donné dans les trois premiers chapitres de l'ouvrage de MM. King et Hall, *Egypt and Western Asia in the light of recent discoveries* (Londres, 1907). On consultera aussi avec profit le 1$^{er}$ volume de la *History of Egypt*, de Wallis Budge (Londres, 1902), et de ses *Gods of the Egyptians* (1904), les cinquante premières pages des Histoires d'Égypte de Fl. Petrie (dernière édition, Londres, 1905) et de Breasted (New-York, 1906), le chapitre sur l'*Origine des Égyptiens* des *Prolégomènes à l'étude de la religion égyptienne* de M. Amélineau (1907-8) et surtout l'excellent livre de Jean Capart, *les Débuts de l'Art en Égypte* (Bruxelles, 1904; éd. anglaise complétée en 1906). Il faut signaler encore comme aperçus d'ensemble facilement accessibles : von Bissing, *les Origines de l'Égypte* (l'Anthropologie, 1898, pp. 241-59, 408-17 ; cf., dans le même périodique, les résumés des premiers travaux par E. Cartailhac, 1892, 405, et par S. Reinach, 1897, 327); deux conférences de Capart insérées dans le t. XX des *Mém. de la Société d'Anthrop. de Bruxelles* et dans le t. XXIV des *Annales de la Soc. Scientifique de Bruxelles;* deux conférences de E. Naville, *Origine des Anciens Égyptiens* insérée dans *la Religion des anciens Égyptiens* (Paris, 1907), et *The Origin of Egyptian Civilisation* (Journal of Anthrop. Institute, 1907, pp. 201-15); Loret, *l'Égypte au temps du totémisme* (Conférences du Musée Guimet, 1906) ; Al. Moret, *l'Égypte avant les Pyramides* (*Revue de Paris*, 1907, 15 mars).

Suez et faisaient, la même année, l'objet d'un Rapport au Ministre d'Arcelin et d'une Communication à l'Institut de Hamy et Fr. Lenormant, que suivait bientôt un remarquable mémoire de Mariette (*Sur l'âge de pierre en Égypte*, 1870). Quand, en 1886, M. Maspero rééditait ce travail de son prédécesseur, qui avait soulevé les plus vives polémiques, la plupart des collections d'antiquités égyptiennes s'étaient accrues de figures d'animaux en ardoise schisteuse ou de vases rougeâtres, noircis au col et décorés de dessins bizarres, dont on ne tarda pas à savoir qu'ils provenaient de tombes d'un type tout nouveau, ouvertes clandestinement par les indigènes à Abydos, Négadah, Gébèlen (Crocodilopolis).

Dès 1889, Flinders Petrie, déblayant, sur le site de Kahoun (à l'entrée du Fayoum), une ville de la XII^e dynastie, trouvait à proximité tout un dépôt de haches, grattoirs, couteaux en silex et poteries grossières ; de 1890 à 1892, ce fut dans la vallée même du Nil, dans la nécropole de Médoum, en usage pendant la III^e et la IV^e dynastie, qu'il mit au jour des objets de silex mêlés à ceux de bronze et des squelettes repliés sur le flanc à côté des momies embaumées ; enfin, en 1894-1895, de nouvelles tombes à squelettes non momifiés apparurent, non plus isolées, mais formant une nécropole à Toukh et à Ballas près de Négadah, au nord de Thèbes. Il fallut grouper toutes ces trouvailles et, comme l'on n'admettait toujours pas l'existence d'un âge de pierre en Egypte, faire intervenir une « race nouvelle », libyenne selon toute apparence, qui, encore en pleine civilisation néolithique, se serait infiltrée en Egypte en profitant des troubles qui suivirent la période memphite.

L'année même où Petrie émettait cette hypothèse, paraissait le 1^er volume des *Recherches sur les Origines de l'Égypte*, où M. de Morgan (1), directeur du Service des Antiquités depuis 1892, réunissait les résultats de ses recherches sur la préhistoire égyptienne. De ses fouilles, menées principalement à Négadah, comme de celles que M. Amélineau poursuivait à Abydos, il résultait que Ménès et ses successeurs de la I^re dynastie thinite, dont on croyait devoir reléguer l'histoire au nombre des légendes, avaient régné effectivement en Haute-Egypte, où ils avaient pu avoir pour capitale Thinis, puisque leurs tombeaux se retrouvaient entre cette ville et Abydos. Loin d'être indigènes en Egypte, ils y apparaissaient comme des conquérants venus du Sud qui se seraient superposés à une population autochthone dont on pouvait suivre le développement, du Fayoum à la I^re Cata-

(1) J. de Morgan, *Recherches sur les Origines de l'Égypte*, t. I (1896), t. II (1897).

racle, avec son centre au coude du Nil, entre El-Kâb et Abydos, depuis le 6e millénaire jusqu'à l'avènement de Ménès (vers 3.500). C'est à ces habitants de l'Egypte prédynastique qu'il convenait d'attribuer tout ce qu'on avait rapporté jusqu'alors à la « nouvelle race » ; les vestiges qui restaient de leur civilisation pouvaient se répartir entre les grandes périodes paléolithique, néolithique, chalcolithique, que traversent généralement les peuples primitifs. Au moment où outils et armes de cuivre commençaient à se répandre en Egypte, apparaissaient les envahisseurs ; métallurges habiles, leur supériorité n'avait pas de peine à s'affirmer, mais, peu nombreux, ils ne tardaient pas à être pénétrés et conquis par la civilisation indigène ; c'est de cette pénétration et de cette assimilation réciproques qu'était issue l'Égypte historique, unifiée par les Pharaons thinites.

Telles sont, en résumé, les conclusions qui ressortaient déjà du magistral ouvrage de M. de Morgan. Flinders Petrie eut le mérite, non seulement de les accepter dans leur ensemble, mais de se mettre aussitôt au travail, avec ses collaborateurs et ses émules, pour les contrôler. Toutes les recherches entreprises depuis sous son impulsion (1) n'ont fait que confirmer et compléter le système exposé par M. de Morgan, en révélant partout, à côté et au-dessous des monuments de la Ire dynastie, les vestiges de la civilisation de l'Egypte prédynastique, civilisation de la fin de l'âge de pierre et du début de l'âge des métaux, qui se relie, par une évolution ininterrompue, aux débris paléolithiques épars sur les terrasses du plateau thébain. C'est de cette civilisation de l'Égypte préhistorique, telle qu'on peut l'entrevoir à la veille de l'entrée en scène de la première dynastie, que l'on voudrait esquisser ici le tableau. Quelles que soient encore à cet égard les lacunes ou les incertitudes de notre savoir, il n'en reste pas moins avéré que c'est en Égypte seulement que l'on connait avec quelque précision, et

(1) A Négadah encore et à Abydos, dans les fouilles trop tôt interrompues de MM. de Morgan et Amélineau, et dans les localités voisines de Diospolis Parva, El-Amra, El-Kâb, El-Ahaiwa, El-Mahâsna, Bêt-Khallâf, Nag-ed-Dêr, etc. ; dans le Fayoûm aussi et en Basse-Egypte (Dahchour, Gourob, Hawara, Abousir). A côté de ces travaux de Morgan, Petrie, Quibell, Mac-Iver, Reisner, etc., il faut citer les fructueuses recherches de Schweinfurth sur la géologie préhistorique de l'Egypte et l'exploration poussée par Legrain jusqu'à l'oasis d'Ammon où l'on a retrouvé une station préhistorique. Sur la question géologique, la répartition et l'étude propre des silex que je ne puis entreprendre ici, on peut voir, outre l'ouvrage de J. de Morgan et les analyses données dans *l'Anthropologie* (1898, 447 ; 1900, 275, 615 ; 1902, 109 ; 1903, 532 ; 1905, 685) le mémoire de Legrain inséré dans le *Bulletin de l'Inst. égyptien*, 1897, et les articles de H. R. Hall, *Man*, 1903, pp. 32. 72, de E. Blankenhorn, *Zeitschr. f. Ethnologie*, 1905, p. 447, de Schweinfurth, *ibid.*, 1904, p. 766, 1905, p. 622, et *Annales du Service des Ant.*, 1905, p. 9, de Seton-Karr, *ibid.* p. 185 et *Journ. Anthr. Inst.*, 1897, p. 90, et de E. Chantre, *Bull. Soc. Anthrop. Lyon*, 1904, p. 152.

par elle-même et par les nombreuses traditions qui ont persisté à l'époque historique, cette civilisation de la fin de l'Age de pierre qui dominait encore vers l'an 4.000 dans tout le bassin de la Méditerranée. Pour la reconstituer dans ses lignes essentielles, c'est à l'Égypte désormais qu'il faudra surtout s'adresser. Loin de s'être développée, comme on l'a longtemps cru, isolée dans un cycle fermé, la vallée du Nil apparaît aujourd'hui, au même titre que celle du Pô ou que le réseau des îles grecques, comme un de ces théâtres privilégiés où les conditions naturelles ont permis, à une civilisation analogue à celle de tout le bassin méditerranéen, une éclosion à la fois plus rapide, plus brillante et plus durable.

C'est par leurs tombes qu'ont coutume de se révéler à nous les peuples primitifs. Grâce à cette idée, qui leur est commune, de la survivance matérielle du corps, c'est en compagnie de leurs restes mortels que nous trouvons ce que le sépulcre nous a préservé des produits de leur industrie. Pour l'Égypte, à l'exception des silex ébauchés ou rejetés, presque tout ce qui reste de sa civilisation préhistorique provient des nécropoles situées généralement au débouché des *ouadis* occidentaux dans la vallée du Nil, parfois à côté des ateliers de taille exploitant le silex que l'étage libyque de l'éocène fait affleurer, tant en nodules qu'en couches continues, sur les terrasses alluviales qui s'élèvent entre 15 et 60 mètres au-dessus du fleuve. D'après ce que nous apprennent ces nécropoles, on commencera par indiquer ce que l'on devine des pratiques funéraires de ceux qui les ont peuplées et des idées religieuses auxquelles ces pratiques se rattachent. Après ce coup d'œil jeté sur la religion qui, par ses actions magiques, domine et dirige l'activité des primitifs, on comprendra mieux les faits essentiels de leur vie sociale et artistique tels que nous les fait connaître le contenu de leurs tombes. De cette rapide revue des éléments du grand problème ethnique et historique que pose la découverte de l'Égypte préhistorique, on pourra déduire, sinon une solution, du moins une position rationnelle de la question.

Les premières tombes (1), telles qu'on les connaît aujourd'hui par cen-

(1) Pour des indications détaillées sur les modes funéraires de l'Egypte, en outre des chapitres qui y sont consacrés dans le t. I de l'*Histoire de l'Art* de M. Perrot et le t. I de l'*Histoire Ancienne* de M. Maspero, on peut avoir recours à l'*Histoire de la Sépulture en Egypte* de M. Amélineau (1896), et à J. Garstang, *The Burial customs of ancient Egypt* (1907). En attendant un ouvrage complet sur ces sépultures préhistoriques, on consultera avec profit la minutieuse monographie de G. A. Reisner, *The early dynastic cemeteries of Naga-ed-Dêr* (Leipzig, 1908).

taines dans la vallée du Nil, sont des fosses rondes, ovales ou quadrangulaires facilement ouvertes dans le sable; quand l'humidité naturelle ne suffisait pas à en maintenir les parois, on les renforçait avec quelques poignées d'argile battue; des branchages empêchaient le sable de recouvrir complètement le cadavre. Celui-ci était couché sur le flanc gauche, la tête au sud, les jambes repliées de façon à ce que les pieds touchent au sacrum et les genoux au sternum, les coudes appuyés sur les genoux, les mains contre la bouche. Dans cette position, qu'on a appelée à tort *embryonnaire*, on a voulu voir, en effet, la première trace de cette croyance en la résurrection qu'on attribue à l'Egypte pharaonique. Pour assurer la survie ou la renaissance, on aurait dû placer le mort au sein de la Terre-Mère dans la position du fœtus au sein maternel. Pour que cette théorie trouvât confirmation, il aurait fallu au moins que les tombes fussent soignées, isolées, qu'elles fussent mises en évidence et conservassent quelque trace de culte. Or, non seulement leur plan est irrégulier et leur profondeur si faible que les chacals y ont souvent précédé les explorateurs, mais les fosses sont en certains points tellement entassées qu'elles empiètent l'une sur l'autre et qu'un squelette gît moitié dans une fosse et moitié dans une autre. Si jamais pareilles tombes furent mises en évidence par quelque signe, on ne peut penser qu'à ces piquets de bois qu'on emploie à cet effet dans le Soudan, ou aux cornes de chèvre des Troglodytes libyens qui sont l'origine probable des stèles, comme celles du Roi-Serpent, érigées au-dessus des premiers hypogées royaux. Ainsi, s'il faut caractériser d'un nom la position des squelettes primitifs, ce n'est pas *embryonnaire*, c'est *accroupie* qu'il faudrait l'appeler, et cela, non seulement en pensant à ces coutumes qui veulent encore, en certaines campagnes de Belgique ou d'Alsace, que le moribond expire par terre assis sur une paillasse, mais à ce texte si précis où Hérodote (IV, 190) nous apprend que les Nasamons, la grande peuplade de la Tripolitaine de son temps, « enterrent leurs morts accroupis et ont bien soin quand le mourant est sur le point de rendre l'âme, de le faire asseoir en l'empêchant de s'étendre ». S'il s'étendait, en effet, et si on laissait à la rigidité cadavérique le temps de faire son œuvre, il faudrait violenter le corps pour le ramener à la position accroupie. Or, être accroupi sur les talons, les coudes contre les genoux et le menton soutenu par la paume, telle a toujours été la position du primitif au repos, celle que montrent déjà en Egypte des statuettes préhistoriques dont la tradition s'est perpétuée dans l'art populaire. Position de repos pendant la vie, elle est telle, à plus forte raison, pendant cette mort que le primitif ne conçoit point comme différente et opposée à la vie, mais comme une seconde vie moins tourmentée et plus paisible que la première : n'est-il donc pas naturel que les néolithiques d'Égypte, comme ceux de Grèce ou d'Espagne ou de l'Europe centrale, fassent prendre au moribond cette position accroupie qu'il doit conserver dans le repos éternel de la tombe? Pour maintenir cette position, qui sera celle que les hiéroglyphes attribuent aux ancêtres, aux rois et aux dieux, et de peur aussi que le mort ne s'échappe et ne vienne tourmenter les vivants, on a pu trouver bon de le ligotter : les débris de paille tressée que le climat égyptien a conservés autour des squelettes paraissent avoir servi au même usage que les rameaux de *paliurus* des Troglodytes (Diodore, III, 33) ou que les fils de cuivre des tombes néolithiques de l'Europe. Ainsi, l'origine des bandelettes qui envelopperont de leur force liante la momie classique semble avoir été, moins l'adoration du mort, que la peur superstitieuse de ses retours possibles, peur que les apparitions spectrales ont pu, de tout temps, suffire à inspirer.

De cette peur du mort, dérivent deux façons de le traiter qui semblent avoir été, l'une et l'autre, en usage dans l'Égypte primitive. Si le mort quitte la tombe pour venir tourmenter les siens sous forme de spectre, c'est, ont pu penser les uns, qu'il ne se trouve pas à son aise dans cette dernière demeure. Aussi multiplie-t-on autour de lui tout ce qui peut lui rendre la vie sépulcrale plus agréable : pots et écuelles remplis des meilleurs fruits de la terre et dont les peintures le replaceront en quelque sorte au milieu de ses occupations familières, près du village ancestral, entre le grand fleuve où l'on pêche et les hauteurs où l'on chasse, figurines aussi de la maison où il a vécu ou de la barque qui l'a porté sur les eaux. Le chien en glaise l'aidera à chasser l'hippopotame d'argile ; le fard vert est à sa portée, dans un coquillage ou une bourse de cuir, avec les cailloux nécessaires à son usage ; peignes et épingles, racloirs et frottoirs lui permettront d'achever sa toilette, comme harpons, pointes et couteaux de pierre ou poignard de cuivre l'aideront à guerroyer et à chasser. Pour qu'il ait de la nourriture fraîche, quand sera épuisée celle que contient sa vaisselle de terre, on ne l'enferme pas seulement dans des récipients plus précieux en pierres dures, on lui donne encore une servante qui, de ses mains, pétrit en galettes la pâte d'orge ou qui l'écrase de ses pieds dans une grande cuve pour en extraire la bière, sa boisson favorite. Mais il ne suffit pas au mort, pour être heureux, de bien manger et de bien se parer, de se fatiguer à la chasse, puis de se reposer, la tête contre un petit banc d'argile, — un damier est là pour distraire ses loisirs, un nain ou un cynocéphale pour l'amuser de ses contorsions et, — si quelque désir charnel le réveille, — adipeuse, selon l'éternel idéal africain de beauté féminine, sa dame est à ses côtés, prête à rendre à son seigneur les services de l'amour, tandis que des danseuses, tatouées à merveille, agitent leurs jambes fuselées en balançant leurs bras.

Cette description, que le mobilier des tombes permettrait de développer sans peine, suffit à faire voir que la conception de la vie d'outre-tombe, qui devait être celle de l'Egypte classique, existe déjà, plus vive et plus sincère par cela même qu'on est plus près des origines, à l'époque préhistorique. Poussant plus loin cette conception, pensait-on plaire davantage encore au mort en pratiquant sur sa tombe ces égorgements des serviteurs et des femmes dont on voit encore un exemple sous la XIXe dynastie ? Peut-être en a-t-il été ainsi pour les chefs, et il devait sembler tout naturel que l'esclave ou la femme suivissent le maître puissant dans la tombe (1) ; il faut qu'il soit servi et aimé sous terre tout comme il l'a été sur terre et le primitif ne se fait pas plus scrupule de tuer dans ces conditions, — surtout si les victimes sont étrangères à son clan comme tous les prisonniers que le Pharaon assommera rituellement, — qu'il n'aurait d'hésitation à tuer un chien ou même à tuer, en le brisant, un bouton d'or, une boîte d'ivoire, un poignard de cuivre. Si ce rite ne paraît pas avoir été pratiqué dans nos nécropoles préhistoriques, il ne faut invoquer, je crois, aucune raison de sentiment ou de droit, ni la douceur traditionnelle des Egyptiens, ni l'interdiction de verser le sang de famille ou de clan. On doit penser, bien plutôt, à cette idée primitive de la force magique de l'image : le semblable attire le semblable. S'il n'est pas besoin d'envoyer au défunt des compagnons humains ou animaux, c'est qu'il suffit d'en grouper les images autour de lui. Chaque figure contient comme en puissance l'objet figuré et de l'orge authentique s'échappera des mains de la femme en chair et en os qui ne manquera pas de s'incarner dans l'argile de la pétrisseuse de pain. Ainsi, si l'on peut avancer qu'il y a dès lors culte funéraire, il ne faut entendre par là que l'obligation pour les parents de pourvoir aux besoins du défunt.

(1) M. Lefébure (*Rites Égyptiens*, pp. 4, 19) a montré comment certaines conceptions pharaoniques impliquaient que, dans l'Egypte préhistorique comme dans nombre de civilisations primitives, on enterrait des victimes humaines dans les fondations pour que leurs âmes devinssent les gardiens de l'édifice.

Rien n'indique qu'il ne fut pas suffisant d'y pourvoir une fois pour toutes au moment de l'ensevelissement, et qu'il y eût lieu, par des libations, des incantations ou des sacrifices, à renouveler et renforcer les provisions et défenses dont on avait pris soin d'entourer l'habitant de la tombe. On se le représente assez puissant encore pour se suffire à lui-même, une fois qu'on lui en a fourni tous les moyens. Si ce n'est guère, en effet, une idée égyptienne que celle du mort exsangue et vaporeux, il faut l'attribuer sans doute à cette rare imperméabilité du sol égyptien qui nous a conservé intacts des cadavres vieux de 6 ou 7.000 ans. Desséchant et durcissant la peau, le sable libyen a donné, pour ainsi dire, les premiers exemples de momification. Des traces de bitume rencontrées dans certains crânes, à Beit Allam et Silsileh, autorisent à croire que les primitifs surent écouter les leçons de la nature et contribuer ainsi à assurer l'intégrité du mort comme par les nattes ou les peaux dont ils l'entouraient. On sait qu'Anubis, le chacal libyen, auquel on attribuait l'invention du rituel d'embaumement, avait protégé d'abord le mort par une peau de bête (1). D'ailleurs, le rite funéraire primitif est loin d'être odieux aux envahisseurs des premières dynasties qui, selon certains, auraient importé de Chaldée les principes de momification ; dans les nécropoles de Ballas, de Gizeh et de Médoum, sous la IVe dynastie, on pratique encore le mode d'enterrement préhistorique et, pendant le Moyen Empire tout entier, on continuera par tradition à coucher les momies sur le côté gauche, légèrement repliées, le visage au Levant de façon à voir par les deux grands yeux peints en vert à la gauche du sarcophage et par la fausse porte qui regarde toujours à l'Orient. A côté de cette position repliée qui remonte à l'accroupissement primitif, l'usage de porter au mort le premier coup avec un silex éthiopien paraît indiquer que l'origine de la momification remonte bien à l'âge de la pierre. On sait, d'ailleurs, que, tandis que les embaumeurs jouissaient des plus grands honneurs, le *paraschiste*, qui avait ouvert ainsi le cadavre, devait se sauver en toute hâte, poursuivi par les pierres et les imprécations des assistants.

Si l'idée de conserver le mort dans la position, dans le milieu et dans les habitudes de la vie a bientôt dominé en Égypte, cependant, de l'horreur

(1) Peut-être faut-il expliquer ce rite comme le fait M. Lefébure : « Le mort mis dans une peau (provenant d'un sacrifice) semblait obtenir par là l'excellence ou tout au moins la protection de l'animal dont la dépouille l'entourait » (*Proceedings of Bibl. Archeol. Soc.*, 1893, p. 138). Pour la même raison, sans doute, la queue a continué à faire partie du costume du mort.

même que les Egyptiens montrent de toute espèce de mutilation du cadavre, des précautions et des prières que le Livre des Morts répète avec tant d'insistance contre tout ce qui peut porter atteinte à son intégrité, on aurait pu induire que quelque souvenir lointain et détesté d'une époque où on aurait laissé le mort se corrompre et se démembrer subsistait dans l'âme égyptienne. Déjà, sur les palettes qui célèbrent les triomphes des premiers rois, les ennemis sont abandonnés aux oiseaux de proie ou leurs têtes comptées devant le Pharaon, suivant le motif qui deviendra classique. Seth et ses conjurés n'ont-ils pas découpé en quatorze morceaux le corps sacré d'Osiris à qui l'on attribuait, tout ensemble, la suppression de l'anthropophagie et l'institution de la momification, ce qui laisserait supposer que, dans une version plus ancienne, les typhoniens dévoraient la chair de la victime comme ces bêtes abominables du désert en qui ils s'incarnèrent? Toujours est-il que l'usage du démembrement se constate dans les nécropoles préhistoriques. Tantôt l'on trouve des ossements épars, soit cousus dans une peau, soit à même le sol, parfois disposés dans la position accroupie, parfois mélangés à d'autres squelettes; tantôt le cadavre a été décharné de façon à l'introduire, couché sur le dos, les genoux contre la figure dans un grand vase en argile renversé à la façon d'une cloche, et tantôt des ossements, présentant des traces certaines d'incinération, les jambes et les bras ensemble, les pieds, les mains et la tête à part, sont réunis en une sorte de coffre en terre avec couvercle.

Si ces diverses variétés de mutilation se rencontraient groupées ensemble ou si l'examen crâniologique de ses victimes révélait des caractères particuliers, on aurait pu attribuer ce rite funéraire à l'unité ethnique plus ancienne que peuvent représenter Seth et ses conjurés. Mais, il n'en est rien, et, du moins pour les tombes à incinération, la poterie qu'elles contiennent montrerait qu'elles appartiennent aux derniers temps de l'époque prédynastique. Pensera-t-on, avec Wiedemann, que, en brisant et violentant de toutes façons le cadavre du défunt, en en faisant disparaître, par décarnation ou crémation, tout ce qu'il y a de corporel, on ait eu l'idée de faciliter la sortie du double? Pourtant, l'idée n'est guère primitive bien que l'on puisse trouver trace de ces figurations du mort qui serviront plus tard de support et d'habitat au double (1). Pensera-t-on, avec Naville, à des enterrements secondaires soit qu'on ait laissé les chairs se corrompre avant

(1) A. Wiedemann, *apud* de Morgan, *Recherches*, II, p. 203.

d'inhumer le squelette (1), soit que, le défunt étant mort loin de chez lui, on n'ait pu ramener que les ossements? Ils proviendraient « du désir de débarrasser le corps des éléments qui se détruisent rapidement et de n'en garder que ce qui se conserve, surtout si, dans la seconde tombe, on cherche à reconstituer le squelette, à le remettre dans la position qu'on a appelée embryonnaire ». Ainsi, malgré la différence apparente et l'horreur certaine des Égyptiens, ce rite, à l'origine, répondrait au même sentiment que la momification. Peut-être y a-t-il lieu de rappeler les Libyens lapidant leurs morts ou les Baléares les mettant en pièces à coups de couteaux et de hachettes de bois et cette coutume du *maschalismos* ou de l'*akrotérimos* qui persista en Grèce pour les criminels dont on coupait la tête et les extrémités. Incapable de rassembler ses membres, il sera impossible à la victime de tourmenter et de poursuivre ceux qui l'ont tuée légitimement ou non; mutiler le cadavre, à plus forte raison le brûler, c'est donc le mettre dans l'impossibilité de nuire. Ainsi, aucune idée spiritualiste n'aurait présidé au démembrement ou à l'incinération; l'un et l'autre résultent de la défiance du mort, de la terreur du spectre et du vampire. Dans la douce terre d'Égypte, la confiance et le respect finirent par l'emporter et Isis put rassembler pour toujours le corps épars d'Osiris.

En même temps qu'évolue l'idée de la mort, on s'attache à donner au défunt une demeure suprême mieux conditionnée : d'abord de grands coffrets rectangulaires, puis, l'argile du coffre est remplacée, dans la véritable chambre funéraire d'Hiérakonpolis, par des parois de brique badigeonnées au lait de chaux où se détachent, en peintures animées, des scènes de vie rurale et fluviale.

Tel est le type funéraire qui sert de transition pour nous amener, de la fosse primitive, à la tombe royale du début de l'époque dynastique : les parois de l'excavation rectangulaire sont soutenues par un revêtement de briques auquel s'appuie un pavement et un plafonnement de bois ; dès la Ire dynastie, Hesepti et Den, profitant de l'habileté acquise dans la taille et le polissage des pierres dures par les artisans de l'époque néolithique, remplacent le bois et la brique par un appareil de calcaire et de granit. En

(1) C'est ainsi qu'on procédait dans les îles deltaïques, où les plus vieilles coutumes se maintenaient du temps d'Hérodote (II, 41). Quand un des taureaux sacrés mourait, on l'enfouissait là où il était tombé, ne laissant sortir que les cornes. Une fois l'an, une barque allait retirer les squelettes ainsi putréfiés pour les ensevelir dans une nécropole sacrée près de la ville d'Atarbiki, dans l'île de Prosôpitis. C'est pourquoi l'on a trouvé, notamment à Abousir, des momies de taureau contenant des débris de cinq ou de sept individus.

même temps, la tombe gagne en longueur et en profondeur, et l'on ouvre tout autour jusqu'à une quarantaine de petites chambres qui reçoivent en ordre toutes les provisions dont le Pharaon pourra avoir besoin, tout ce qui lui a été utile et agréable sur terre, ses bijoux, les palettes qui célèbrent ses exploits, ses femmes, ses fidèles et ses serviteurs. D'abord annoncée à l'extérieur par un simple enclos au milieu duquel se dressait une stèle comme celle du Roi-Serpent, la tombe, conformément à l'usage signalé en Libye, apparaît bientôt surmontée d'un amas de pierres destiné moins à la faire connaître qu'à la soustraire aux pillages des animaux ou des hommes. Bientôt ce tumulus se régularise et s'encadre entre des parois de briques qui mesurent, dans la tombe de Tjeser, à Bêt-Khallâf, 40 pieds de haut, 300 de long et 150 de large ; le même souverain, l'un des derniers de la III<sup>e</sup> dynastie (v. 2.900), substituant la pierre à la brique et entassant pour ainsi dire six *mastabas* l'un sur l'autre, élève, à Sakkarah, la première pyramide à degrés, haute de 60 mètres.

Ainsi, par une évolution toute égyptienne, où il n'est, comme pour la momification, nul besoin de faire intervenir des influences chaldéennes, la pyramide est sortie de la tombe comme un élément de cette croyance au double qui, appliquée au mort lui-même, a amené, dès la I<sup>re</sup> dynastie, le roi Aha, imité par la plupart de ses successeurs, à avoir « la maison d'éternité » de son corps —*sahus*— à Négadah et celle de son double —*kâ* — à Abydos. C'est cette croyance qui poussera plus tard tous les Égyptiens qui en auront le moyen à se faire construire plusieurs sarcophages, à l'imitation de celui dans lequel repose leur corps. Chacun d'eux recevra quelque chose du double qui est, pour ainsi dire, contraint à habiter, après la mort, les différentes figures faites à l'image du vivant. Plus le double aura de lieux de repos et de culte, plus il se montrera satisfait et favorable aux vivants. Peut-être est-ce déjà au rudiment d'une croyance semblable qu'il faut rapporter, dans les tombes prédynastiques, outre la multiplication en toutes matières des figures animales et humaines, la présence entre les mains contractées, contre la bouche même du mort, de ces palettes ovoïdes en schiste ou en calcaire qui constituent l'un des éléments les plus curieux et les plus mystérieux de la vie artistique et religieuse — art et magie sont tout un chez les primitifs — de l'Égypte préhistorique.

Ces palettes présentant généralement au centre une dépression circulaire, on les a considérées comme les godets où l'on broyait l'ocre ou la malachite que des coquillages renferment dans la plupart des tombes et que les petits cailloux coloriés qu'on y trouve en nombre devaient servir à écraser. S'il est vraisemblable, en effet, qu'on donnait aux morts le moyen de continuer à se farder, on ne saurait trouver dans cet usage une explication suffisante des formes animales que figurent généralement les palettes ; peut-être faut-il penser, comme on l'a fait pour les galets coloriés du Mas d'Azil, qui appartiennent à la même civilisation néolithique, aux *churingas* australiens, amulettes généralement formées de pierres plates et allongées, gravées de signes totémiques ; chaque membre du clan a son *churinga* qui le représente en quelque sorte dans l'*ertnatulunga*, le lieu sacré où se trouvent réunis ces objets avec des palettes plus grandes qui incarnent l'esprit des ancêtres dans les cérémonies du clan. Comme les Égyptiens, dès la I<sup>re</sup> dynastie, s'efforçaient d'imposer au *ka* de chaque mort un lieu de repos d'où il ne serait pas plus tenté de sortir que ne devait l'être la dépouille momifiée, n'est-il pas possible qu'une conception semblable ait déjà présidé à l'inclusion dans la tombe de la palette à représentations animales où le rond central contenait peut-être quelque symbole disparu ? Dans les plus beaux exemplaires, ce godet rond est entouré de part et d'autre et comme protégé par deux chiens, deux lions ou deux léopards ; parfois, dans le centre, s'allonge un arbre flanqué de deux girafes. C'est bien le culte de l'arbre aux bêtes affrontées tel qu'on le connait aujourd'hui si bien dans le monde égéen et, si l'arbre peut se substituer au godet, n'est-ce pas que celui-ci est également de nature sacrée ? L'arbre, dans le culte primitif, ayant souvent remplacé le *bétyle* ou l'*omphalos*, n'aurait-on pas affaire ici à une réduction de l'*umbilicus* tel que Quinte Curce le décrit dans l'oasis d'Ammon et tel qu'on le retrouve peut-être ou dans les *kéraunies* qui ornaient le diadème d'Isis, ou dans l'autel circulaire dressé devant l'obélisque divin d'Héliopolis, le centre prédynastique de la Basse-Égypte?

Sans insister sur de pareilles hypothèses, indiquons le grand fait qui domine la religion de l'Égypte. Dès l'antiquité, la zoôlatrie égyptienne étonnait et scandalisait ; depuis, malgré le développement récent des études de religion comparée qui ont amené à reconnaître l'adoration des plantes et des animaux à la base des cultes classiques, on s'est longtemps refusé à prendre même en considération la seule explication sérieuse qui pût convenir à la religion égyptienne. Alors que l'Égypte est l'unique région du bassin méditerranéen qui ait conservé, en pleine période historique, les dieux et les cultes du fétichisme primitif, comme l'avait entrevu de Brosses dès 1760, les plus grands égyptologues parlent encore de « ces vénérables animaux entrant avec un caractère sacré dans la religion officielle où ils furent conçus comme des incarnations du dieu (1) » et se plaisent à représenter le culte des animaux comme dû aux services d'épuration rendus par l'ibis ou le vautour, ou à des rapports fortuits avec le dieu adoré d'abord sous sa forme humaine : Anubis aurait été associé au chacal parce que ce félin, violateur des tombes, devait paraître s'intéresser particulièrement aux morts ; le dieu-Soleil aurait été conçu sous forme du taureau, qui résumait pour l'Égyptien l'idée de force et de virilité; sa fécondité aurait donné la vache pour emblème à Hathor et sa rapidité le faucon à Horus, etc.

A ces explications, qui se heurtent si vite à des absurdités et à des contradictions qu'elles n'ont jamais pu être poussées à bout, la découverte des premiers monuments de l'Égypte oblige aujourd'hui à renoncer complètement. Sans avoir besoin de s'adresser désormais à l'Australie ou à l'Amérique, on trouvera sans peine dans la vallée du Nil toutes les manifestations du fétichisme méditerranéen.

C'est d'abord le culte de l'arbre : celui qu'on voit se dresser dans l'enceinte ou près de la source des villages est peut-être sacré, comme le sont encore en Égypte tant d'*arbres de la Vierge* ou de sources sanctifiées. On sait que le sycomore, demeure d'Isis ou de Nouît, fut entouré d'une dévotion qui n'a

(1) Ad. Erman, *la Religion égyptienne*, trad. par Ch. Vidal (Paris, 1907), p. 36. On peut compter les égyptologues qui, comme Pietschmann, Wiedemann, Petrie, Lefébure, Amélineau ou Loret, ont pris comme point de départ partiel de leurs travaux l'idée d'un fétichisme zoölatrique. Outre deux études de Petrie (*Proc. Soc. Bibl. Arch.*, 1904) et de Wiedemann (*Muséon*, 1905) et, parmi les travaux de Loret, l'essai sur *Horus le Faucon* (*Bulletin de l'Institut français*, 1903) il faut recommander celui que Frazer, le plus illustre propagateur des théories totémiques, a consacré à Osiris (*Osiris, Adonis, Attis*, Londres, 1906). Le meilleur exposé de ces théories se trouvera dans les articles d'ensemble sur l'origine des tabous, les interdictions alimentaires, la domestication des animaux, l'art et la magie, insérés dans les 2 volumes de S. Reinach, *Cultes, Mythes et Religions* (Paris, 1905-1906). Remarquons seulement que, tandis qu'on n'aurait relevé sur les gravures et peintures des cavernes du sud de la France que les animaux dont se nourrit un peuple de pêcheurs et de chasseurs, aucune distinction semblable entre animaux bienfaisants et malfaisants, utiles ou nuisibles, n'apparaît en Égypte. Là, tous les animaux sont également objets de crainte et de respect. Ce n'est que bien après l'époque préhistorique que le culte des bêtes amies de l'homme commencera à prévaloir sur celui de ses adversaires ; encore faut-il faire entrer en ligne de compte une considération toute politique : la guerre victorieuse des Horiens contre les fidèles de Seth amenant à considérer comme détestables les animaux sacrés des séthiens, hippopotame, crocodile, âne, gazelle, serpent, scorpion. Cependant, l'hippopotame Thouéris et le scorpion Sarqit conservent leur place dans le Panthéon égyptien, l'uræus est resté adoré à Bouto et le crocodile à Crocodilopolis; on apporte partout des offrandes aux serpents, conçus peut-être comme un des doubles du mort (Amélineau, *R. Histoire des Religions*, 1905) et on engraisse les hyènes de chair d'oie pour que, rassasiées, elles n'attaquent pas le mort. (Naville, *Revue archéologique*, 1905, II, 345.)

pas disparu et, si le palmier s'allonge au milieu de certaines palettes, un manche de couteau en or montre trois femmes dansant devant un sycomore ; le papyrus, le lotus, le perséa, l'agrostis sont restés objets de culte dans l'Égypte classique. A la fois de l'arbre équarri et de la pierre levée, nait le culte de la poutre ou du pilier: les deux colonnes *An* et *Didou* sont demeurées les symboles d'Osiris dont la tombe, à Abydos, est plantée de l'arbre *peker* et qui serait adoré à Byblos sous forme d'un tronc d'acacia. Dieu agraire entre tous, qui meurt et qui renait périodiquement, Osiris est l'esprit de la végétation, papyrus à Memphis et lotus à Thèbes, pleuré par Isis, palmier ou sycomore; c'est ainsi que, peu à peu, il s'est s'enfoncé dans la terre où il germe, pour aller enfin, comme Adonis, siéger au royaume des morts. Les mâts, qu'on continuera à planter devant le pylône des temples, ou ces fameuses allées d'obélisques, ont été d'abord vénérés pour eux-mêmes et la chapelle primitive parait constituée par quelques poutres. L'une d'elles les domine, se terminant par un élargissement qui portera l'animal du clan. Il suffit de remarquer que c'est ce signe (qui prend une forme de hache) qui exprimera l'idée de dieu dans l'écriture hiéroglyphique; il en résulte qu'il est sacré par lui-même, indépendamment de l'animal qu'il élèvera au-dessus du clan. Combiné de manière à porter le fétiche, il forme ce qu'on est convenu d'appeler *l'enseigne* du clan. Ce fétiche est généralement un animal dont le clan se croit issu et dont il porte le nom. Les membres du clan s'abstiennent de le tuer, autrement qu'en état de légitime défense, et de le manger, sinon en sacrifice solennel; ils se considèrent comme ses descendants et ses alliés et, pour mieux lui marquer leur attachement, s'efforcent de garder l'un des siens auprès d'eux qu'on éveille, lave, pare, nourrit, promène chaque jour comme on continuera à le faire dans les temples égyptiens : les bœufs Apis ou Mnévis, le bouc de Mendès, le chat de Bubastis, le crocodile du lac Moeris, l'uræus de Bouto, le vautour de Nekhbet, le lion de Léontopolis, etc., sont autant de vestiges de cette croyance qui a amené la domestication de tous les animaux qui en étaient susceptibles. Si le *totem* meurt, on le pleure solennellement ; pour entrer en communion plus intime avec lui, on danse en se revêtant de sa peau et, périodiquement, une femme du clan s'unit à lui, usage qui persistait à Mendès du temps d'Hérodote, à Memphis et à Thèbes du temps de Diodore et qu'on voit pratiquer encore au temple d'Anubis, à Rome, sous le règne de Tibère. En retour de tous ces soins, le *totem* protège son clan ; à la chasse ou à la guerre, il le précède, assurant l'abondance de la proie et la facilité de la prise. Il suffit de fixer son image à l'extrémité de la perche sacrée pour qu'on puisse compter sur sa présence et son appui. Quand le clan se fixera définitivement dans un des cantons indépendants qui constituent les trente-six nomes, l'enseigne deviendra l'armoirie du nome : ainsi, le faucon *hor* donnera son nom au nome *horien* ou *Apollinopolite* ; le clan de la Massue, s'alliant à celui du Chacal et celui des Flèches à celui du Bouclier croiseront leurs enseignes, tout comme les familles qui s'alliaient aux Capétiens écartelaient leurs armes de la Fleur de lys ; le clan de l'Arc ayant absorbé celui de l'Éléphant, le *totem* de ce dernier s'est vu restreint à Éléphantine (où le clan du Bélier apporte son dieu Chnoum et celui du crocodile son dieu Sovkou), la capitale du nome Ombite, dont l'arc est l'emblème, etc. Après les alliances, viennent les fusions de dieux-totems, comme celle du bouc Osiris de Mendès avec le taureau Sokaris de Memphis et le bélier Khontamentiu d'Abydos, qui, d'autre part, grâce à certains caractères canins, s'unira avec le chacal Anubis et le loup Apanaut. Lorsqu'on pourra dresser des listes complètes des enseignes claniques et, en les comparant avec celles des nomes, constater les clans qui ont disparu, ceux qui se sont divisés, ceux qui se sont alliés ou fondus, ce sera toute l'histoire de la formation religieuse et territoriale de l'Égypte qui sera constituée. Pour le moment, bornons-nous à remarquer que les enseignes connues peuvent se répartir en quatre catégories : 1° les animaux (faucon, chacal, vanneau, lion, scorpion, chouette, lévrier, ibis, silure, éléphant, taureau, têtes et cornes de taureau) ; 2° les végétaux (sycomore, palmier) ; 3° certaines armes de chasse ou de guerre (flèches isolées ou croisées, harpon simple et double, hache ou boumerang, bouclier, arc ; peut-être est-ce comme une dépouille de guerre qu'il faut considérer la tresse de cheveux ?) ; 4° certains signes de valeur géographique ou astronomique (les 2 et 3 pointes, futurs emblèmes de Doufon et de Haou, représentant probablement les hauteurs d'où le clan est descendu ou les bétyles qu'il adore ; le cercle simple et le cercle centré, qui sera celui de Râ, sont peut-être en rapport avec le cercle solaire, à moins qu'ils ne figurent une tête de massue ?).

Ces enseignes — celles du moins qui figurent des animaux — sont considérées comme animées et intervenant elles-mêmes dans l'intérêt de leur clan ; c'est ainsi qu'on les voit munies, pour combattre, d'une massue, d'un javelot ou d'un bouclier, d'un pic pour renverser les remparts, de mains pour enchaîner les prisonniers, d'une corde pour les mener en captivité. A leur attribuer ces fonctions humaines, on devait arriver bientôt à les anthropomorphiser; le scorpion et l'hippopotame ne tardèrent pas à devenir les déesses Sarqit et Thouèris, le faucon et le chacal les dieux Horus et Anubis, etc. Peut-être cette transformation était-elle déjà en bonne voie au moment de la conquête de l'Égypte par les tribus horiennes, si c'est bien à leurs adversaires et prédécesseurs qu'il faut attribuer les statues trouvées sous le temple archaïque de Koptos. Sur la robe flottante du dieu, serrée à la taille, on voit gravés, outre les doubles flèches qui sont l'emblème du dieu Min et du nome Panopolitès, des signes qui sont sans doute ceux auxquels se rattachent également ses adorateurs (éléphants, autruches, poissons-scie, coquilles de *pterocerus*). Plus on multiplie, en effet, les représentations des animaux sacrés, plus les primitifs s'imaginent avoir d'action sur eux; de là, la prédominance des représentations animales non seulement sur des objets religieux, comme des palettes, mais sur les instruments les plus usuels, vases, peignes, etc.; certains bucrânes ou œufs d'autruche en réduction paraissent déjà spécialisés au rôle d'amulettes. Si tous les membres du clan, par de semblables amulettes, peuvent entrer en communion avec son *totem*, c'est le chef, né de l'union de sa mère et du dieu, qui représente le clan dans ses rapports avec son père divin; c'est lui, dans une scène de chasse, qui porte l'enseigne à la tête de ses hommes et c'est apparemment de la dépouille animale qu'il revêtait que dérivent la queue de chacal, les plumes d'autruche et la longue barbe recourbée du Pharaon dansant devant le dieu ou s'entretenant avec lui. C'est seulement depuis les dernières découvertes qu'on commence à comprendre vraiment le caractère religieux de la royauté pharaonique (1). Le Pharaon est une incarnation d'Horus, forme terrestre du dieu du clan qui a constitué le premier, sous son hégémonie, l'unité égyptienne. Horus eut, dès les premières dynasties, des temples dans la région où avaient eu lieu ses victoires décisives sur Seth, à Dendérah, Edfou, Abydos. Le roi Pépi I, à la VIe dynastie, en restaurant le temple de Dendérah, prétend suivre le plan d'un sanctuaire antérieur à Ménès. Aussi y a-t-il lieu de croire que le *téménos*, l'enceinte sacrée, contenant le tabernacle, remonte à l'Égypte prédynastique et l'on voit en effet sur des vases de cette époque de petits édicules constitués d'un mur en clayonnage qu'ornent des dents d'éléphant, supportant sans doute ex-votos et amulettes; autour de ces chapelles, des piliers, quelquefois accouplés et ornés de bucrânes, font penser aux autels de cornes de Crète ou de Syrie.

(1) Voir Al. Moret, *Du caractère religieux de la royauté pharaonique*, Paris, 1902.

Au milieu de cet enclos, on peut voir le *totem* du clan : le bélier sur une tablette d'Abydos, l'ibis sur la tête de massue de Nar-Mer, les deux flèches croisées sur un bouclier, emblème de Neith à laquelle un des premiers rois, époux de Neith-hetep, élevait ce sanctuaire en l'honneur du clan de sa femme, probablement originaire de Saïs, la ville de Neith. Le nom de cette reine, comme celui de Mer-Neith, autre princesse de la Ire dynastie, n'atteste pas seulement les accords conclus par le clan horien vainqueur avec les autres clans et leurs dieux respectifs, mais ce fait que le nom d'Horus, que le roi portait en tant que chef du clan horien, n'excluait pas le port de noms théophores qui peuvent marquer des alliances avec des *totems* d'autres clans : ainsi, Nar-Mer se fait représenter par une sorte de seiche ; Za, le roi-serpent, introduit l'uræus de Bouto qui restera — jusqu'à Cléopâtre, qui se fait donner la mort par cet aspic divin —, l'un des symboles ordinaires du roi, avec le faucon et le taureau, sans doute considéré comme formant couple avec la vache Hathor, qui passe pour la mère d'Horus. Ce taureau apparaît comme jouant un rôle dans les cérémonies sacrées dès le temps d'Aha, le Ménès auquel on faisait remonter l'institution de cet Apis qui, en symbole sans doute de l'alliance de clans qui s'était faite autour de lui, devait porter, sur sa robe noire, un vautour blanc aux ailes éployées et un scarabée sur la langue. Sur la plaquette d'ivoire qui montre la consécration du sanctuaire de Neith, on voit, au-dessous, un taureau qui vient s'abattre dans un filet comme sur le gobelet de Vaphio ; de même, sous l'édicule de la massue de Nar-Mer, des cervidés courent dans une sorte d'arène qui fait penser à celles de Knossos et de Phaestos en Crète. A côté de ces *taurobolies* ou de ces *élaphébolies*, on doit peut-être penser à des luttes sacrées entre clans dont la trace subsisterait dans la bataille que se livrent, à Thèbes, les partisans des deux béliers Ammon et Khonsou, ou dans la lutte que les prêtres d'Anhouri doivent soutenir à Paprémis pour introduire le dieu dans son temple, ou encore dans le féroce combat entre Koptos et Dendérah dont les victimes, à en croire Juvénal, étaient dévorées vives.

En tout cas, les danses sacrées sont connues par certaines peintures de vases prédynastiques ; les danseurs endossaient sans doute une dépouille semblable à celle du dieu, comme il est de règle dans les cultes totémiques. Sur des massues de Hiérakonpolis et une plaquette du roi Den, ils semblent entrechoquer des bâtonnets qui se terminent en tête de gazelle, instrument qui constituera le déterminatif du nom des gens du Touât, l'un des royaumes des morts égyptiens. C'est, sans doute, l'une des oasis libyques, celle d'El-Khargeh, qui, comme celle dite d'Ammon, contiendrait un temple de ce dieu-bélier. Ce serait là, dans cette île des Bienheureux, distante de sept jours de Thèbes selon Hérodote, par la *bouche de la fente* qui conduisait de la vallée au désert à l'ouest d'Abydos, que les âmes étaient censées se rendre, guidées par le chacal Anubis, dont Sioût, qui se trouve encore à la tête de la route de la Grande Oasis, était par excellence la ville sacrée (1). On a rappelé que cette oasis avait révélé l'existence d'une station importante à l'âge de pierre et nous avons rapproché des godets circulaires des palettes l'ombilic qui aurait été associé au serpent et au bélier dans l'Ammônion. N'est-il donc pas vraisemblable que nous tenons là une de ces traditions remontant à l'Égypte prédynastique, comme la mythologie de l'époque classique doit en receler tant? Venus de la Grande-Oasis, le clan du bélier, établi où s'éleva plus tard Hérakléopolis, et celui du chacal, resté plus au sud, à Sioût, au débouché même de la route de l'Oasis, auraient préservé, de plus en plus vague, la tradition de leur pays d'origine. Or, c'est au pays des mânes ancestraux que l'âme heureuse doit toujours se rendre. Comme les Pharaons, établis à Memphis, conservèrent l'habitude de se faire élever une tombe dans la première nécropole des conquérants horiens, à Abydos, les gens du chacal de Sioût auraient gardé le souvenir du temps où leurs morts prenaient le chemin de l'Oasis. Si elle a été, entre toutes, l'oasis des *Ouitiou*, n'est-ce pas que les *momies* osiriennes pouvaient y retrouver, intacts sous le sable du désert, leurs ancêtres préhistoriques? N'est-ce pas un peuple chassé du désert par une dessiccation progressive qui priera pour que ses morts, dans l'oasis suprême, trouvent le vent du Nord et l'eau fraîche — ce *rafraîchissement* que l'Église, par une tradition alexandrine, invoque pour les trépassés? Et, si l'on se tourne ensuite vers le pays des Éthiopiens, les plus justes des hommes, où vont festoyer les dieux d'Homère, et qui confinent au Ta-neter, la mystérieuse retraite des sources du Nil et du panthéon

(1) Je ne puis m'étendre ici sur les questions complexes relatives aux oasis d'Ammon (cf. Meltzer, *Philologus*, 1901, p. 186) et aux Pays des Morts (cf. Maspero, *Études de mythologie égyptienne*, t. I, p. 358 ; t. II, p. 420). Je remarquerai seulement que l'horreur avec laquelle on insiste dans tous les textes funéraires sur les monstres du désert qui menacent le mort, sur l'eau croupie et chaude, sur ses excréments mêmes qu'il pourra être réduit à avaler si tous les rites ne sont accomplis, et que l'instinct spécial attribué au bélier pour découvrir les sources cachées, les processions où on le porte sur un navire doré entouré de pateres d'argent, tout cela concourt à faire croire que c'est bien du désert voué à Typhon le roux, *Teshert*, le « pays rouge » que les gens d'Abydos, de Sioût ou de Thèbes étaient descendus dans le *Kémi*, la « vallée noire » du Nil limoneux

égyptien, n'entrevoit-on pas déjà, dans le pays des morts et dans le pays des dieux, la double origine du peuple égyptien ?

La sécheresse merveilleuse du climat d'Égypte, qui nous a conservé tant de détails sur la vie religieuse de ses habitants au V^e millénaire, n'a pas laissé de garder intacts, à moins d'un mètre du sol, les restes mortels de ces habitants, accroupis sur une natte au milieu de leurs vases, dans l'attitude même qu'ils affectionnaient sans doute pendant la vie. Sans nous attarder à l'étude de ces squelettes, recouverts parfois de leur peau blanche parcheminée ; sans reprendre la question crâniologique qui, bien que confuse encore, a amené les spécialistes, à rapprocher la race de Négadah des dolicocéphales blonds berbéro-libyens, bornons-nous à décrire les habitants primitifs de l'Égypte, d'après les nombreux monuments qui les représentent fidèlement. Hommes et femmes paraissent de taille moyenne, la poitrine développée, la jambe musclée avec le pied aplati du marcheur. La tête est allongée, le menton saillant, la bouche mince, le nez fortement busqué, l'œil en amande sous le sourcil arqué, la pupille bleue (si l'on en croit les peintures d'Hiérakonpolis et le lapis-lazuli qui les marque dans une statuette). Sur les oreilles, les cheveux descendent en tresses épaisses, parfois, sans doute pour le travail, rejetés de manière à descendre jusqu'au milieu du dos, parfois ramenés savamment sur les tempes et sur le front où ils se terminent en boucles. Les cheveux semblent avoir été naturellement blonds — bien qu'on ait parlé de coloration au henné ou de décoloration par la chaux ou l'urine — mais des raisons d'hygiène les ont bientôt fait enduire de produits graisseux, sans doute l'huile de ricin employée encore en Haute-Égypte pour préserver la peau contre les moustiques et le soleil ; puis, pour en compléter ou en protéger l'édifice, les fausses tresses et les fausses boucles sont intervenues de bonne heure. En même temps que se développe cette perruque bleuâtre, protégée elle-même

(1) Cf. Dr Fouquet, *apud* de Morgan, *Recherches*, I, p. 241 ; II, p. 269 ; Gaillard et Lortet, *Archives du Muséum d'histoire naturelle de Lyon*, 1906 ; E. Chantre, *Recherches anthropologiques en Ég.* (Lyon, 1904) ; A. Bloch, *Mémoires de la Soc. d'Anthropologie*, 1903 ; Verneau et G. Papillault, *ibid.*, 1905 ; D. Randall, *The Earliest inhabitants of Abydos* (Oxford, 1901). Malgré des divergences de détail, ces auteurs sont d'accord pour constater l'existence de deux types principaux, l'un au crâne pentagonal surbaissé avec bosses pariétales saillantes, l'autre au crâne moins pentagonal et moins surbaissé sans bosses accentuées, apparentés entre eux ainsi qu'aux Égyptiens de l'époque historique. Par une méthode différente, M. Sergi en fait une des variétés de sa race ibéro-liguro-libyenne (*Mediterranean race*, 1901, pp. 91, 112 ; cf. *l'Anthropologie*, 1903, 80, et Deniker, *Revue des Idées*, 1905, p. 916).

par un filet ou bonnet conique, qu'aimera tant le noble Égyptien, le primitif porte la longue barbe en pointe qui, à l'époque historique, sera le privilège des dieux et des rois. Pour éviter la gêne et l'infection qui en résultent, le fellah se rasera bientôt le menton comme le crâne. Son ancêtre n'ose pas encore attenter à l'intégrité de ces appendices naturels, mais il semble bien, à en croire certaines statuettes, les avoir recouverts d'une sorte de fourreau, le *podon* du clergé mazdéen ; plus tard, le prêtre égyptien, qu'on appelle « le propre », s'épilera soigneusement. Peut-être se teignait-on aussi barbe et cheveux ; en tout cas, les matières colorantes qu'on a toujours soin de remettre au mort dans de petits sacs, avec les cailloux nécessaires à les broyer et à les étendre, paraissent avoir servi à cerner l'œil d'un cercle de malachite qui fut toujours employé en Égypte et l'est encore aujourd'hui en Afrique pour préserver la vue contre l'éclat du soleil. Cette même malachite verte, du carbonate bleu de cuivre, du sulfure noir d'antimoine, de l'ocre jaune ou rouge servaient encore à tracer sur le corps des dessins qui semblent s'inspirer de ceux de la poterie : entre des zig-zags géométriques qui ceignent les bras, les jambes et la ceinture, serpentent, plus ou moins stylisées, des figures végétales ou animales dont certaines ont pu avoir une valeur totémique comme le symbole de Neith tatoué sur la cuisse gauche des Libyens du tombeau de Séti I^er^. Toute une série de petits instruments en ivoire, bâtonnets creux se terminant en tête humaine et contenant des traces de matière colorante, auraient été le prototype des tubes à *kohl* des élégantes de Memphis.

La peinture du corps à l'aide d'huile ou de graisse chargée de matières colorantes, renforcement pour ainsi dire et protection de la peau, constitue probablement la plus ancienne forme du vêtement, et l'on a pu supposer que la coloration jaune donnée aux femmes dans les fresques égyptiennes (comme le brun-rouge qui y distingue les hommes), sont des conventions qui remontent à une époque primitive où les hommes s'enluminaient véritablement en ce brun rouge, couleur du sang, de la guerre et de la vie. Sous le climat d'Égypte, pendant longtemps, point n'a été besoin d'autre vêtement ; la corde qui ceint les reins est elle-même, à l'origine, plutôt un support que le rudiment du pagne. C'est le rôle de support qu'elle joue dans ces figures de chasseurs primitifs qui portent, par derrière et par devant, deux appendices si curieux. Par devant, c'est ce *karnata*, dont le port, qui s'est maintenu dans l'Afrique occidentale, caractérisait les Libyens aux yeux des Égyptiens, étui en cuir ou en bois souple préservant les parties génitales, qui pendait également de la ceinture des Crétois de Minos. Sans doute, en cet instrument, qui n'est qu'une forme spécialisée des branchages dont nos premiers parents auraient couvert leur nudité, ne doit-on pas chercher une idée de pudeur étrangère à tous les primitifs (1) — sauf une mère portant son enfant dans une mantille, les femmes mêmes paraissent généralement ou nues ou vêtues d'une forte ceinture qui fait saillir les seins et d'où sort un jupon qui, comme le *schenti* des hommes, s'arrête au haut des cuisses. La pudeur n'est, à l'origine, qu'une façon de protéger et de signaler une portion plus exposée et plus délicate du corps et l'on comprend sans peine que ce soit chez des chasseurs que ce fourreau spécial se soit développé et maintenu, alors même que le pagne le rendait moins utile. Considérés sans doute comme les plus forts de leur tribu, ils ne devaient négliger aucun moyen d'attirer l'attention sur leur virilité. La queue d'animal, qu'on attachait par derrière à la ceinture, survivant également au pagne, a subsisté comme une partie essentielle du vêtement sacerdotal et royal. Elle dérive de ce désir de ressembler à l'animal puissant, dont il a fait l'ancêtre et le chef de son clan, qui dirige tant d'actions du primitif; de là aussi, tout autant que d'un besoin de protection, l'habitude de se couvrir, en chasse ou en guerre, de ces peaux tachetées, dépouilles de la panthère. Comme la queue, qui paraît empruntée à ce chacal, mangeur des cadavres au désert libyen qui devint Anubis, le dieu des morts, la panthère, bien qu'elle n'ait pas été divinisée en Égypte, où elle avait disparu à l'époque classique, était l'objet de récits mystérieux ou de croyances superstitieuses. Des reins des Éthiopiens ou des épaules des Libyens, sa peau arrivait en grande quantité dans la vallée du Nil où rois et prêtres s'en paraient comme de nébrides aux grandes panégyries. Peut-être même faut-il chercher une intention d'imiter la peau de la panthère ou du léopard dans les dessins qui constellent les manteaux de cuir dont des fragments ont été trouvés à Négadah.

Ainsi, le vêtement, chez le primitif égyptien, est encore loin du costume qui s'endosse par habitude; il ne dépasse guère la ceinture à bandelettes flottantes qui restera le costume du bas-peuple, surtout bateliers et

(1) Sur cette question de la parure des hanches chez les primitifs, voir Grosse, *les Débuts de l'Art*, p. 70, et W.A. Müller, *Nacktheit und Entblössung*, 1906, p. 13. On croit que les primitifs égyptiens pratiquaient la circoncision que Hérodote (II, 36) s'accorde avec Josèphe (VIII, 20, 3) et les textes bibliques (*Jos.*, 5; *Ex.*, 4, 25; cf. Chabas, *Revue Archéologique*, 1861, p. 298) pour déclarer d'origine égyptienne et qu'il a attribuée également aux Éthiopiens et aux Syriens.

pêcheurs, sous l'Ancien Empire ; l'état coutumier est une nudité qu'on interrompt seulement dans la mesure nécessaire pour protéger et avantager l'individu. De là viennent encore des coquilles en calcaire ou en cuivre retrouvées sur des crânes dans la position qu'affectera l'uraeus royal, un crochet en avant, dont on a conjecturé qu'elles servaient à retenir un de ces voiles dont les Touaregs usent pour tamiser la lumière et arrêter la poussière. D'autres coquilles, anneaux et pendeloques de toute sorte sont moins des objets de parure qu'autant de moyens de protéger les veines ou les artères, là où elles affleurent, aux poignets, au cou, aux tempes ou aux chevilles ; ils prennent valeur d'amulettes s'ils sont ornés de figures animales, comme le sont toujours les peignes ou épingles destinés à soutenir l'édifice de la chevelure. Les plumes qui la surmontent rappellent, au même titre, les relations de l'homme avec les grands oiseaux qui deviendront Horus ou Thoth ; les plumes d'autruche ont continué à jouer un rôle important dans la liturgie égyptienne.

S'exposant ainsi presque nus, les primitifs Égyptiens, par les nécessités de la chasse et de la guerre, devaient chercher bientôt à se protéger. On les a vus adopter l'épaisse toison de certains félins, peut être aussi cette peau de chèvre dans laquelle on cousait parfois les morts. Il suffisait de les étendre en avant, dans le geste où l'on voit des Pallas se protéger de leurs égides, pour arrêter pierres et flèches à portée de bras du corps. En les détachant, on transformait en bouclier cette cuirasse primitive. Déjà, sans doute, les Égyptiens savaient arrêter les projectiles à l'aide de ce bâton de parade à tête recourbée qui fut peut-être la première arme de l'homme après avoir aidé l'anthropoïde à se tenir debout ; c'est sur ce bâton qu'on tendit désormais une ou plusieurs couches de peaux. Pour les maintenir, des bâtons transversaux furent bientôt nécessaires ; on eut ainsi le bouclier primitif, une peau tendue sur une armature de bois, et des tableaux thébains montrent que la peau de panthère, dont se couvre déjà un des guerriers de la fresque d'Hiérakonpolis, était encore préférée pour l'écu des troupes des Ramsès. Le bouclier primitif n'est pas le bouclier classique, rectangulaire ou arrondi dans le haut ; il se moule sur la peau étendue, étroit à la taille, proéminent aux deux extrémités où s'allongent les membres ; stylisé comme symbole de la déesse Neith — ce qui tendrait à rapprocher les Égyptiennes primitives des Amazones libyennes — il offre cette même forme en 8 que présentent les boucliers mycéniens ou les *ancilia* latins. Souvent un fort tressage de joncs supplée à la rarelé des peaux : ce *gerrhon* resta aussi de mise dans l'armée égyptienne.

Parfois, de part et d'autre du bouclier, les dessins des vases montrent deux espèces de récipients allongés, terminés par un crochet, qui pourraient bien être des carquois. Cependant, dans les scènes de chasse, c'est dans la main gauche, généralement, qu'est tenu un arc, probablement haut d'un mètre et infléchi au centre, tandis que la droite élève un faisceau de flèches qui se terminent, par une particularité qui a survécu à l'époque historique, en un renflement à section droite; c'est cette lame transversale qui venait frapper, ne perçant pas, mais entaillant à la manière d'un tranchet. D'ailleurs, les nombreux silex à pointe terminale et à ailerons latéraux, recueillis en Égypte, montrent qu'à côté de ces pierres à tranchet on armait aussi les flèches de têtes pointues en silex ou en os qui, plus grandes, terminaient les javelots et les lances; développés aussi, les tranchets venaient s'emmancher par leur petit bout dans des hampes courtes et solides pour donner naissance à la hache simple ou double. Un bâton à gros bout qui devait subsister comme insigne de commandement, dès que ce bout fut remplacé par un bloc taillé en fuseau ou en disque, vint former la massue qui resta, dans les cérémonies religieuses, l'arme rituelle du roi; de même, les grands silex de l'époque prédynastique, taillés en forme de couteau avec une perfection que l'âge de la pierre n'a atteinte nulle part ailleurs, emmanchés de bois et de cuir, ou même d'ivoire et d'or, finement sculptés de figures animales, sont demeurés en usage pour porter au mort ce premier coup longitudinal qui va permettre aux embaumeurs de le vider. Enfin, il faut citer, parmi les principales armes, ces grandes courroies à pierre ou à nœud coulant, dont la matière trop périssable ne nous a permis de conserver aucun exemplaire, mais dont l'usage, tel qu'il est figuré sur des vases ou des palettes, correspond à celui de la *bola* ou du *lasso* qui servira toujours à la chasse et à la prise du taureau de sacrifice et ce casse-tête en os ou en bois flexible dont on peut se servir d'estoc ou de jet, le *boumerang*, arme primitive entre toutes, dont l'hiéroglyphe restera associé aux actes de force brutale.

Ainsi vêtus et ainsi armés, où vivaient et comment vivaient les primitifs égyptiens ?

Leurs établissements ne se disséminaient pas le long du fleuve même, dans la vallée encore marécageuse et livrée aux inondations. C'est du plateau sableux qui mène au désert libyque qu'ils paraissent descendre progressivement, s'arrêtant de préférence aux abruptes échancrures que les *oueds* du plateau, plus arrosé jadis qu'aujourd'hui, ont approfondies dans le calcaire pour déboucher dans la vallée du Nil. Ce sont ces *aqabahs* qui ont été, pour les Néolithiques, des emplacements privilégiés. En haut de l'*aqabah*, profitant de la mise à nu des couches profondes du calcaire, s'établissait l'atelier de taille du silex ; en bas, abritée contre le vent du désert, ouverte aux brises pluvieuses du Nord, la nécropole indique le voisinage du village dont il reste parfois, sous des buttes de *sébakh* remplies de débris de toute sorte, des couches de joncs et de roseaux. Le cône de déjections de l'*oued*, se mêlant au limon de la vallée, offrait aux villageois un incomparable terrain de culture, tandis que les collines recélaient encore toute une faune sauvage. Enfin, la vallée que l'*oued* s'ouvre vers le désert est celle qu'ont toujours suivie les caravanes d'Afrique ; tout le long, autour des dépressions où l'eau accumulée s'entoure de végétation, comme autour du grand lac du Fayoum, des dépôts de silex indiquent que les stations des néolithiques s'étendaient au moins jusqu'à ce rideau des grandes oasis qui devaient si longtemps marquer pour l'Égypte la fin du monde occidental (1).

Le village de l'*aqabah* a disparu, mais ses habitants ont pris soin d'en laisser des représentations fidèles, gravées sur les falaises qui le dominaient ou peintes sur les vases donnés aux morts en souvenir. Ces représentations sont si exactes qu'il est difficile de comprendre comment la plupart des égyptologues ont pu y voir, non des villages, mais des bateaux, comme si l'on avait coutume de transporter des plantes non aquatiques ou des animaux non domestiques sur des nefs primitives. Quoi qu'il en soit, avec MM. Cécil Torr, Loret et Naville, je crois y reconnaître des sortes de *kôms*, avec fossé et glacis surmonté d'une palissade. Au centre, comme dans le *pylône* des hiéroglyphes, deux tours paraissent flanquer un bâtiment bas qui se prolonge parfois de part et d'autre des tours. Sur une des tours, s'élève, très haut, correspondant tout ensemble à ce qu'est pour nous le drapeau et le clocher, l'enseigne du clan, parfois transportée, dans un édicule spécial, à l'une des extrémités ; à l'extrémité opposée, un arbre se dresse toujours, indiquant sans doute qu'un bosquet était compris dans l'enceinte. A l'extérieur, un autre arbre, à la limite de la brousse, est sans doute celui qui ombrage le cours d'eau ou la source voisine,

(1) Bien qu'on n'ait pas retrouvé de grottes habitées par ces populations primitives, l'usage persistant des tombeaux dans le roc, certaines pierres levées près d'Edfou et dans le Sinaï et les *spéos* d'Isis paraissent attester que l'Égyptien a été cavernicole avant de s'établir dans la vallée, en des villages à moitié rupestres, à moitié palustres.

du moins est-ce par le geste des porteuses d'eau que j'expliquerais les bras levés et rejoints au-dessus de la tête des femmes qui s'y rendent ; le vase, d'où semble sortir l'arbre, figurerait la margelle ; le grand bouclier, planté souvent auprès, indiquerait que le point d'eau appartient au village. Tout autour, — pendant que les femmes se livrent à la cueillette ou puisent de l'eau, — armés d'un grand bâton crochu, circulent les hommes du clan dont on ne sait trop s'ils gardent ou s'ils poursuivent ces troupes d'autruches et de cervidés qui feront plus tard l'orgueil des riches Memphites ; d'autres encore, dont on ne sait d'avantage si les animaux qu'ils paraissent tenir à bout de bras ou à l'extrémité d'une corde représentent un retour de chasse ou un essai de domestication. Peut-être faut-il y voir ces petits des victimes de la chasse qui, emmenés au village, s'y apprivoisaient peu à peu pour former ces hardes de chiens hiénoïdes, de capridés ou de suidés qu'un progrès ultérieur devait achever de domestiquer. A côté, des guerriers sont en train de livrer des batailles générales ou des combats singuliers à des ennemis venus de villages voisins ou descendus de *dahabiehs* en bottes de roseaux cerclés de madriers parfaitement reconnaissables, avec leur cabine carrée au centre, leur voile rectangulaire, leur gouvernail qui sort d'une poupe élevée, au sommet de laquelle l'enseigne se dresse. D'autres barques, plus petites, ressemblent à ces gondoles de papyrus qu'on portait aux fêtes d'Isis ; d'autres enfin, plus réduites encore, simples corbeilles de joncs, ont pu être le prototype du berceau flottant de Moïse. Présentant leur avant à la gauche du spectateur, ces bateaux peints semblent remonter le fleuve ; peut-être venaient-ils de cette Basse-Égypte où les palettes des premiers rois montrent qu'une population identique à celle de l'Égypte préhistorique avait déjà entouré ses villages d'un mur de briques séchées au soleil, tandis que le clayonnage et le pisé dominaient encore en Haute-Égypte. Il est probable que, autour de la grande demeure consacrée au chef et au dieu, les huttes primitives de roseaux que Diodore (I, 43) voyait encore dans le Delta, alternaient avec les petites maisons de terre dont on a trouvé un modèle en réduction à El Amrah. Sous un toit, sans doute incliné d'arrière en avant comme dans les édicules religieux qui ont donné naissance au *naos*, la porte s'ouvrait par devant et deux fenêtres par derrière. Au-dessus de ces ouvertures, de grosses saillies les protègent, faites, — ainsi que les piliers d'angle fourchus comme ceux qu'on figure soutenant les quatre coins du ciel, — de ces troncs de palmier ou de ces faisceaux de papyrus qui sont l'origine de la colonne égyptienne et de l'ordre lotiforme. De l'aménagement intérieur de la maison, à côté de toute la vaisselle avec supports accommodés en réchauds, on ne connaît qu'un foyer, cuvette en terre-cuite autour de laquelle se replie un serpent, cet *agathodémon* que la légende gréco-égyptienne de la fondation d'Alexandrie montre adoré dans chaque maison ; il participait ainsi plus directement à la vie domestique comme, en sculptant des chiens ou des rats sur des manches de cuiller, on pensait intéresser leurs congénères à la protection des produits dont on leur consacrait ainsi une part.

Bien qu'on n'ait pu trouver de traces d'orge ou de blé, le grand nombre des silex destinés à denteler les bords des montures de bois en forme de mâchoire de bœuf servant de faucilles ou de houes atteste la connaissance des travaux agricoles. Le bœuf semble déjà y avoir collaboré ; comme lui, l'âne, le porc et l'oie paraissent à demi domestiqués ; l'autruche est, peut-être apprivoisée ainsi que certaines gazelles ; le chien chasse avec l'homme et porte collier sur deux statuettes d'Abydos et d'Hiérakonpolis. En considérant comme des couffes les objets d'où semblent sortir certains arbres, on a pu parler d'acclimatation du sycomore à parfum ; l'irrigation apparaît dès la Ire dynastie. Cependant, si les grandes cultures de céréales et de vignes qui seraient dues à Osiris, comme l'art de tisser le serait à Isis, ne se développeront qu'à l'époque dynastique, l'Égyptien néolithique n'ignore ni l'orge et sa liqueur comme boisson, ni le ricin comme huile, ni la galette d'épeautre, le *koulishti*, ni les légumes qui croissent naturellement sur son sol, fève, vesce, lupin, l'oignon surtout qui sera sacré. Il goûte aussi les tiges et racines des marais, qui resteront une délicatesse à l'époque classique : les fruits du nénufar rose ou du lotus, symbole de la résurrection, les tiges du papyrus, les fleurs de l'*agrostis*, graminée que l'Égyptien continuera à tenir à la main en adressant sa prière aux dieux.

Peu adonné aux travaux agricoles, semble-t-il, comme la plupart des primitifs, l'Égyptien, qui croira à l'origine palustre de l'homme, vit surtout de la chasse et de la pêche. On connaît déjà les grandes barques qui le portaient sur le Nil harponner le fahaka ou l'oxyrrhinque, pêcher le mulet ou le rouget, poursuivre le long des berges la tortue ou l'hippopotame ; avec leur haute proue et leur poupe recourbée, elles pouvaient s'aventurer sur la mer, et les coquilles des colliers primitifs avec les poissons-scies, gravés sur la statue préhistorique de Min, suffisent à établir que ses adorateurs se risquaient, sinon en Méditerranée, du moins vers le cuivre, la turquoise et le lapis lazuli du Sinaï, sur cette Érythrée que l'ouady Hammamât permettait de gagner en quatre jours de Koptos même, la ville de Min. Mais, c'est surtout dans les brousses du plateau thébain, entre le Nil et la mer Rouge, qu'ils paraissent avoir aimé à chasser l'innombrable gibier que le voisinage du fleuve y attirait de toutes parts, autruches, girafes, éléphants et nombre de cervidés disparus à l'époque historique, victimes des grandes battues des Néolithiques. Sur les vases et les palettes de nombreuses scènes les montrent, forçant les mouflons au lasso à travers monts, poursuivant l'hippopotame dans les marais, tendant pour les gazelles de grands pièges en roue. Une des plus belles palettes représente, sur ses deux bords, une dizaine de chasseurs à la file armés, qui de l'arc, qui de la lance, qui du javelot ou de boumerang ; à leur tête, le chef, plus grand et des plumes l'exhaussant encore, brandit d'une main une hache ou une massue et porte de l'autre l'enseigne de la tribu qui paraît être celle de l'Ibis. Entre les deux troupes, de grands lévriers poursuivent lièvres, gazelles, bouquetins, autruches, sur qui on jette de part et d'autre le lasso ; les armes plus meurtrières paraissent destinées aux deux lions qui se défendent avec acharnement aux extrémités de la palette.

Grands chasseurs, les Néolithiques de l'Égypte, comme les Cavernicoles de la France, ont acquis de la vie et des formes animales une connaissance approfondie qui fait le caractère commun et l'originalité de leur art dans toutes ses manifestations, du graphite à la palette ciselée.

Bien qu'il ne dispose que de grattoirs et racloirs, gouges et scies, perçoirs et poinçons de toute espèce en silex et que le métal lui soit presque inconnu, l'art de l'Égypte préhistorique a atteint une perfection surprenante. Comme tourneurs, sculpteurs et peintres de vases surtout, les Égyptiens de l'âge historique ne sauraient même rivaliser avec leurs ancêtres. Leurs premiers récipients devaient être faits de cuir tanné et de joncs tressés. La friabilité de la matière ne nous a conservé aucun spécimen de cette vannerie et de cette cordonnerie, mais elles ont suffisamment influé tant sur la forme que sur le décor de la poterie pour que l'étude de la céramique révèle aussitôt la préexistence de ces outres de peau et de ces paniers de roseaux nilotiques. Ce sont eux qu'avaient sous les yeux les premiers hommes qui modelèrent l'argile sédimentaire ou le limon du Nil qui, à la cuisson, deviennent jaunes ou rouges. Les modèles de ces longues calebasses ou de ces gourdes sans col, amphores coniques moins épaisses dans le fond qu'à la partie supérieure, doivent être cherchés dans le sac de cuir et dans la dépouille ligneuse que fournissent nombre de cucurbitacées.

Ce sont des géodes calcaires grossièrement évidées que dérivent ces larges récipients taillés dans la pierre dure (grès, diorite, granit, syénite, albâtre, porphyre, etc.), qui, seule, pouvait abriter les aliments contre la chaleur et la poussière; bien que la tradition de tailler ces vases — en des matières de plus en plus rares à mesure que l'usage en fut réservé davantage aux rois et aux nobles — se soit conservée jusqu'à l'époque de la XII<sup>e</sup> dynastie, les plus anciens d'entre eux, qui ne portent d'autre relief qu'une sorte de corde autour du col, impliquent l'imitation du sac serré au haut par une lanière; de même, lorsqu'on commence à ciseler sur la panse, façonnée en faisant tourner le bloc entre deux pièces de bois garnies de sable quartzeux, un véritable lacis de lignes droites, c'est que l'artisan a sous les yeux des paniers en vannerie. Cette imitation est plus frappante encore sur la poterie en terre cuite ; ici, comme en Grèce, ces incisions multiples qui relèvent, de l'éclat blanchâtre de leur réseau linéaire, le fond rouge, brun ou noir (selon la longueur de la cuisson), ce qu'on a appelé, d'un nom si malheureux, la poterie géométrique (1), n'est, à l'origine, qu'une imitation et qu'un souvenir de la vannerie primitive.

Bientôt, en même temps qu'il mêle à la pâte, pendant le brassage, le bioxyde de manganèse ou l'hématite qui la colorent, l'artisan, s'affranchissant de ces souvenirs, tend à transformer en éléments végétaux les zig-zags rectilignes: d'une série d'angles juxtaposés, il suffit de réunir les sommets pour obtenir une branche; inscrivez cette branche dans un demi-cercle, le sycomore n'est pas méconnaissable; au lieu d'arrêter vos lignes au demi-cercle, laissez-les retomber de part et d'autre et le sycomore se change en aloès; allongez votre tige inférieurement et ne laissez subsister que d'un côté les lignes courbes qui en partent, et le palmier sort de l'aloès. Pour ces primitifs, habitués à saisir, partout dans la nature, le détail caractéristique, un rien différenciait le lotus et le papyrus, toutes les nymphéacées et toutes les liliacées. Désormais, les lignes géométriques ne leur

(1) Sur la céramique préhistorique, outre les ouvrages fondamentaux de Morgan et de Capart (qui adopte la classification de Petrie en neuf séries : vases à bord noirci, rouges polis, fantaisistes, à peinture posée et incisée, à anses ondulées, à décor pittoresque, rugueux et décadents), voir G. Foucart, *C. R. de l'Acad. des Inscriptions*, 1905, p. 259, et Ch. Boreux, *Revue des études ethnographiques et sociologiques*, 1908, p. 33. J. de Morgan a donné une très suggestive esquisse du développement parallèle de la poterie primitive en Égypte et en Élam, *Revue de l'École d'Anthropologie*, 1907, p. 401. Il distingue : poterie jaunâtre grossière; poterie brune incisée ; poterie à incisions remplies de pâte blanche; vase lissé rouge avec ou sans bords noirs ; vase rouge avec peintures blanches surtout géométriques; vase à pâte rose imitant les formes et même le grain des vases de pierre ornés de figures animales en couleur rouge.—Sur les vases de calcaire paléolithiques, cf. R. de Rustafjaell, *Palaeolithic vessels of Egypt* (Londres, 1907).

servent plus qu'à délimiter, au besoin, des compartiments sur la panse de leurs vases qui reçoivent chacun un motif floral ou animal ; sur un triangle de zig-zags figurant des montagnes, gazelles et mouflons s'élancent ; sur plusieurs lignes sinueuses, nagent hippopotames et crocodiles ; au milieu du damier carrelé d'une palissade, paissent les animaux domestiqués. Enfin, les hommes paraissent autour de ces longues constructions en demi-cercle où je n'hésite pas à reconnaître l'enceinte du village, surélevé sur un tertre et dominé par l'enseigne du clan ; les hachures parallèles, qui partent du bas de cette demi-lune dont l'épaisseur marque celle du tertre et qu'on a prises pour des rames, seraient un premier essai du système que notre cartographie emploie encore pour indiquer les hauteurs. Dans ces scènes de la vie rurale de l'Égypte primitive, tout paraît, d'ailleurs, aussi bien observé. Une taille plus étroite et des hanches plus larges suffisent à distinguer la femme ; plus petits qu'elles, les hommes ont toujours un instrument de chasse à la main, les guerriers doivent probablement se reconnaître à leur peau de panthère et les chefs aux plumes qui s'élèvent sur leur tête. Tous les animaux sont rendus avec un rare bonheur, le bondissement des cervidés, le choc de deux gazelles qui combattent, la course maladroite de l'autruche, la lourdeur massive de l'hippopotame ; la gazelle, le mouflon, l'antilope sont distingués par leurs cornes, comme l'aloès, le palmier et le sycomore par la disposition de leurs branches.

Plus on se rapproche de l'époque historique, plus le décor des vases s'affranchit de la raideur imposée par l'imitation première de la vannerie. Pour varier les effets, on emploie tour à tour, sur la couverte d'un beau lustre rose, le simple trait rouge, le trait double qui suit les contours et le remplissage en foncé de parties ou du tout de la figure ainsi dessinée. On sait maintenant percer des anses, multiplier les formes, arrondir les panses, accoler les vases deux à deux, les allonger en coffrets rectangulaires. « Les poteries à forme d'animaux, écrit A. Moret, poissons, canards, vautours, hippopotames, formèrent des services de table d'aspect réjouissant ou terrible, analogue à la dinanderie de notre moyen âge. On essaya aussi de donner aux vases la forme humaine : des captifs (?) accroupis et tenant à pleins bras la panse du vase montrent leur face lamentable en relief sur les flancs d'une amphore ; ailleurs l'artiste a voulu modeler la forme féminine ; le goulot est devenu la face ; une simple pincée dans l'argile sert à indiquer le nez, les oreilles et les cheveux ; au-dessous, le col du vase marque la taille amincie où se détachent les épaules rondes et les seins tombants ; puis, la

3

panse du vase s'enflant brusquement imite le développement graisseux qui fait l'orgueil des Vénus hottentotes. » Ces formes si variées et si vivantes sont plus étonnantes encore dans les vases en pierre ; on ne se contente pas de leur donner figure d'oiseau ou de grenouille, on y indique en léger relief deux têtes de vaches ou deux masques humains ou l'on y fait serpenter, en trois zones, faucons, scorpions et ibis. C'est surtout dans les têtes de massue ou de sceptre en serpentine ou en albâtre et dans les palettes en schiste ardoisier gris-verdâtre que la glyptique préhistorique a produit ses chefs-d'œuvre. Pendant longtemps on s'est borné à les découper en forme d'antilope ou de tortue, d'éléphant ou d'hippopotame, de poisson ou d'oiseau ; puis, on a gravé, ou plus exactement gratté, des dessins d'animaux ; enfin on s'est décidé à les ciseler en relief pour aboutir à des merveilles comme la palette de la chasse décrite plus haut ou comme celle des premiers rois qui nous ont révélé les triomphes des Aha et des Narmer. On croit qu'une feuille d'or les recouvrait (1), peut-être moulant seulement les reliefs de la palette, peut-être les reproduisant en incisions comme celles qui ornent la lamelle d'or qui sert de manche à ce couteau en silex du Musée du Caire où l'art de tailler la pierre atteint une perfection qui n'a jamais été connue ailleurs. C'est même, probablement, par cette perfection atteinte par la pierre taillée qu'il faut expliquer que la pierre polie n'apparaisse guère en Égypte ; c'est avec des instruments de silex qu'ils se plaisaient à tailler en forme animale, que les artisans prédynastiques ont accompli tous leurs chefs-d'œuvre, découpé et modelé d'innombrables statuettes en pierre, en plomb ou en ivoire : lions ou hippopotames accroupis, chiens couchés, singes tenant leurs petits, nains difformes, femmes nues, le bas du corps en forme de gaîne, les bras croisés sous les seins ou sur le sexe. Pour compléter l'illusion, surtout sur les figurines humaines, on a vu qu'ils n'hésitaient pas à incruster un œil de nacre ou de lapis lazuli ou à ajouter les effets du pinceau à ceux de la gouge. C'est tout à la fin de l'époque préhistorique que l'émail vient aviver les terres cuites et que le peintre se donne libre carrière sur les murs de la tombe d'Hiérakonpolis : sur le fond jaune du

(1) On peut voir, sur les palettes, l'article de G. Bénédite, *Monuments Piot*, 1903, p. 105, et celui de F. Legge, *Proceedings Bibl. Arch. Soc.*, 1906, p. 87. Dans celle du taureau M. Heuzey veut reconnaître le prototype des taureaux de Tirynthe et de Vaphio (*Bull. Corr. Hellénique*, 1892, 367) ; en tout cas, l'art n'est pas inférieur. Pour les pièces d'ivoire qui ne sont pas moins réalistes, oiseaux, antilopes ou têtes humaines garnissant épingles, peignes ou pendeloques, pirogues en miniature, statuettes d'hommes ou d'animaux, quelques indications sont données par Dom Roulin, *Revue Archéologique*, 1905, I, p. 116.

sable, les villages se détachent verts de malachite, tandis que les bateaux sont en bleu-noir, les hommes en brun-rouge, les femmes en ocre jaune, les vêtements en blanc; certains détails, comme les pupilles, sont indiqués par une tache bleuâtre.

Sans insister davantage sur ces débuts de l'art en Égypte, sur lesquels M. Capart a écrit tout un livre, remarquons seulement combien, dans ses multiples manifestations, on est encore loin de ces conventions qui s'imposeront plus tard à toutes ses branches et qui ne sont qu'une stylisation de la roideur et de la gaucherie des œuvres primitives. Dans leurs premiers tâtonnements, on les voit, au contraire, s'efforcer d'imiter la nature avec une recherche de l'exactitude qui tient au caractère religieux de l'art primitif. Déjà, le réalisme tourne, surtout dans les figures humaines, à la caricature dont le goût se perpétuera en Égypte. A côté de la faculté d'observation et de l'habileté d'exécution qui s'affirment, tout d'abord, supérieures, un certain choix parmi les motifs qu'offre la nature, une certaine élégance dans leur rendu révèlent qu'on n'a pas à faire seulement à un peuple de copistes industrieux, mais à des artistes véritables à la façon de nos chasseurs et graveurs du renne ou des premiers ciseleurs du monde égéen.

Une population animée d'un pareil sentiment artistique ne peut manquer d'avoir développé un certain degré de culture intellectuelle. Non seulement elle a pu pratiquer l'écriture qui ne s'est pas encore différenciée de la gravure ou de la peinture, mais, à considérer les vases peints ou les palettes sculptées, il semble qu'elle soit parvenue à figurer ses idées avec une facilité relative et, dès le début des dynasties, des spécimens d'écriture cursive attestent que ce système graphique était d'antique tradition. A côté de cette écriture hiéroglyphique, apparaissent des signes linéaires dont la grande simplification implique le long usage et qui semblent se rattacher étroitement à ceux qui se sont maintenus dans l'alphabet libyen et qui, développées dans le monde égéen, y ont donné naissance à notre système alphabétique. Nombre des œuvres d'art prédynastiques réclament plus que de l'empirisme et quelle faculté d'observation et de calcul n'a-t-il pas fallu aux gens du Delta pour adopter, en 4.241, l'année de 365 jours, avec 12 mois de 30 jours et 5 jours intercalaires (consacrés au culte des morts), commençant vers les premiers jours de juillet, au lever héliaque de Sirius! Il suffit de rappeler que c'est ce système, inventé par les Anou d'Héliopolis — créateurs de la première ennéade et de la première cosmogonie — qui, introduit par César à Rome, est celui que nous suivons encore, pour qu'on ne puisse contester sans témérité la capacité intellectuelle des Néolithiques d'Égypte.

***

Après cet aperçu d'ensemble sur la civilisation de l'Égypte préhistorique, il reste à indiquer à quelle race on doit l'attribuer et par suite de quel concours de circonstances cette vallée morcelée en clans a pu se transformer en royaume uni d'Égypte.

Ce qui frappe tout d'abord ce sont les continuelles similitudes que cette civilisation préhistorique présente avec celle de l'Égypte classique, similitudes telles qu'il a fallu constamment, pour expliquer tel usage primitif, avoir recours aux données courantes sur la vie égyptienne. Tous les caractères essentiels qui se développeront à travers l'Ancien Empire se trouvent comme en germe à l'époque prédynastique. Sans doute, si l'évolution a été progressive sur certains points, — qu'il s'agisse de la dessiccation du mort aboutissant à l'embaumement ou de la fosse à murs d'argile s'élargissant aux proportions de la tombe monumentale — elle a été, pour ainsi dire, régressive ou plutôt limitative en d'autres cas : le tatouage se limitant à la teinture des cheveux, au kohol des yeux, à l'ocre et au carmin des joues et des lèvres, le couteau de silex ne servant plus qu'aux embaumeurs, le bateau de papyrus ne voguant plus que sur les lacs et le Delta, la plume d'autruche, la queue de chacal, la peau de léopard réservées à certaines fonctions sacerdotales ; le tabernacle primitif ne subsistant qu'à titre de *naos* au cœur du sanctuaire, les *totems* continuant à s'anthropomorphiser et ne se maintenant qu'en une dizaine de cultes sous la forme uniquement animale, etc. Quelle que soit l'étendue des progrès accomplis sous les dynasties memphites (3.000-2.000 environ), il n'en est pas, je crois, dont les premiers éléments ne puissent se retrouver à l'époque prédynastique. Nulle part une véritable solution de continuité n'apparait : les squelettes non embaumés gisent accroupis dans les nécropoles de la IV^e^ dynastie (2.750), les vases rouges à incisions blanches sont fabriqués sous la III^e^, ceux à couverte d'hématite sous la VI^e^ (2.600), la taille des vases de pierre dure, à l'aide d'un villebrequin de silex dont les hiéroglyphes ont conservé la forme, florit de la VI^e^ à la XII^e^ dynastie (2.000) ; les silex servent aux terrassiers et aux mineurs de Ramsès II.

Ainsi, les deux premières dynasties (thinites, environ 3.500-2.900) ne peuvent être considérées *a priori* comme ayant introduit en Egypte une civilisation originale apportée par une race nouvelle. Si l'on comprend aisément que les merveilles des tombes royables d'Abydos et de Négadah aient, dans le premier enthousiasme de la découverte, fait attribuer à leurs auteurs l'épanouissement si rapide de l'Égypte à la fin du IVe millénaire, il faut reconnaître aujourd'hui que les faits sont susceptibles d'une autre interprétation. Sans se demander s'il n'est pas probable que les ouvriers de ces tombes et de toutes les œuvres d'art qu'elles contiennent appartenaient à la population conquise par les guerriers des Aha et des Narmer, leurs œuvres mêmes sont loin d'apparaître avec ce caractère chaldéen qu'on s'est empressé de leur attribuer. Si l'on a eu raison de comparer à la massue de Narmer celles de Sargon d'Agadé ou d'Enannadu de Lagash, il est loin d'être certain aujourd'hui que ces princes chaldéens soient antérieurs et non postérieurs à la Ire dynastie; de toute façon, la massue d'Hiérakonpolis est identique de forme et de matière à des massues prédynastiques, comme celle d'Abydos. Une autre tête de massue provenant de la nécropole prédynastique de Silsileh montre que, si les Néolithiques ne semblent pas avoir produit des cylindres en ivoire comme ceux qui servent de cachet dans les tombes royales, du moins la perfection à laquelle ils étaient arrivés dans le travail de l'ivoire en plaquettes ou en tubes les en rendait-elle capables sans l'intervention de maîtres étrangers. Comme les ivoires et les masses en pierre dure, les palettes en schiste des rois thinites sont l'aboutissement naturel de celles des tombes préhistoriques. « Le réalisme encore rude, mais plein d'énergie, recherchant à la fois le mouvement et les formes robustes aux muscles saillants », dont M. Heuzey parle à leur propos, peut avoir été aussi bien indigène dans la vallée du Nil que dans celle de l'Euphrate. Les quadrupèdes au cou démesuré ou à tête d'oiseau, qui se rapprochent autant des griffons égéens que des monstres chaldéens, ont pu être conçus spontanément au pays des sphinx où l'abondance à la fois des grands serpents et des girafes devait disposer à créer des monstres semblables; ils reparaissent, en effet, sous les noms de *sedja* ou d'*akhech* dans des scènes de chasse au désert et sur des ivoires magiques de la XIIe dynastie. Comme le roi babylonien est souvent représenté sous forme d'aigle déchirant ses adversaires ou de taureau les foulant aux pieds, on a voulu chercher, dans ces figurations, les modèles des scènes semblables qu'exhibent les palettes royales. Osiris, et la vache Hathor seraient venus d'Asie avec les envahisseurs; comme Osiris serait Assur, Hathor pour Sayce et Hommel (1), n'est qu'une variante d'Ishtar, Horus dériverait du sumérien

(1) Pour cette théorie de l'origine chaldéenne, voir surtout L. Heuzey, *C. R. Acad.*

Khurra qui signifierait l'horizon, et Seth, le frère d'Osiris, est, pour Loret, le lévrier des hauteurs mésopotamiennes, alors que Maspéro y verrait le sloughi d'Afrique ou la gerboise, Mortillet le kabéru d'Abyssinie, et Wiedemann l'okapi qu'on vient de retrouver dans le Bahr-el-Ghazal.

Ce n'est pas tout. Pour l'école pan-babylonienne, orge et blé, navette du tisserand et tour du potier, cuisson de la brique et travail des métaux, les éléments essentiels de la civilisation, en un mot, seraient venus de Chaldée. Sans nous attarder à discuter des affirmations aussi gratuites, rappelons seulement que, si la métallurgie ne se développe en Égypte qu'après l'établissement de la royauté, le cuivre, l'or et le plomb sont connus à l'époque prédynastique ; que, notamment, des instruments de cuivre se sont retrouvés dans des fondations de huttes en briques qui peuvent remonter à cette époque. Dès lors, des socs de charrue sont associés à des images de bœufs, ce qui, avec des meules et pilons à pétrir, implique suffisamment a culture des céréales. Après une étude attentive des momies animales, le Dr Lortet (1) a conclu à l'origine africaine du bœuf, du mouton et de l'âne d'Égypte. Enfin, s'il existe incontestablement des éléments sémitiques dans la grammaire égyptienne, la langue elle-même et le système graphique n'ont rien qui soit emprunté aux Sumériens ou aux Sémites. Le rôle que jouent, dans les hiéroglyphes, des animaux proprement égyptiens comme le crocodile, l'hippopotame, l'ibis, le chacal, l'uræus, le scorpion, le scarabée, etc., ou des plantes comme le lotus, le papyrus, le sycomore, etc., attestent que la langue s'est bien développée dans la vallée du Nil. Le *secie* indiqué par une ligne entre des lotus, la *minute* par l'hippopotame sortant la tête de l'eau pour renifler, comme le couteau et la faucille avec leurs dentelures caractéristiques des instruments en silex, ou l'idée de dieu rendue par la poutre élargie au sommet, voilà, entre cent, des exemples qui suffisent à montrer que la langue en Égypte, comme tous les principaux éléments de la civilisation, s'est élaborée sur place, pendant de longs siècles qui se perdent dans la nuit de l'âge de pierre.

Est-ce à dire que la culture de l'Égypte soit, comme sa terre même, un

*Inscr.*, 1899, p. 60 ; Fr. Hommel, *Grundriss d. Gesch. d. allen Orients*, 1904, et *Memnon*, 1907 ; A. Sayce, *Archeology of the Cuneiforms*, 1907.

(1) Lortet et Gaillard, *la Faune momifiée de l'ancienne Egypte* (Extraits des *Archives du Muséum d'histoire naturelle de Lyon*, 1903-7) les bœufs sacrés à cornes longues seraient le *Bos africanus*, zèbus des plaines du Haut-Nil, les béliers Khnoum et Ammon l'*ovis platyura*, l'âne de Nubie, *equus tæniopus*, le chat de Bast, le chat ganté de Numidie, etc. Rappelons enfin qu'on ne retrouve que dans l'Ouganda la girafe à cinq cornes des palettes et l'okapi, qui serait l'animal de Seth.

présent du Nil ? La découverte de sa plus ancienne civilisation ne ferait-elle qu'allonger d'un ou deux millénaires les siècles où l'Égypte aurait vécu, selon la conception d'autrefois, sans rien devoir ni donner à personne ? Ne s'agit-il pas seulement de ne pas se laisser abuser encore par le mirage oriental ?

On a déjà eu bien des fois l'occasion de relever les analogies que les primitifs égyptiens présentent avec les Libyens. Mêmes *graffiti* qu'on retrouve dans le Sud Oranais, mêmes signes graphiques qui survivent dans l'alphabet berbère, mêmes interdictions alimentaires de la vache et du porc « pour les mêmes raisons que les Égyptiens », dit Hérodote (IV, 186), même circoncision chez les Troglodytes, « à la manière des Égyptiens », selon Diodore (III, 32) ; mêmes batteries sacrées autour de la déesse guerrière du lac Triton nommée Athéna par les Grecs, et autour de Neith, qui fut aussi identifiée à Pallas et dont l'hiéroglyphe est tatoué sur la cuisse gauche des Libyens du tombeau de Séti I. Sur ce monument et dans tous les documents égyptiens où paraissent leurs voisins de l'Ouest, Timihou et Tahenou, « les jaunes », qui s'étendaient de la côte tripolitaine jusqu'au Darfour ou au Kordofan, ceux-ci sont représentés avec le tatouage, la barbe en pointe, les boucles sur les tempes, la plume d'autruche, la peau de panthère, le bâton à tête de bélier, la queue ou la *karnata* et le crochet pour le voile, l'arc et les flèches, qui sont autant de caractéristiques que l'Égyptien préhistorique a légués à ses dieux et à ses rois. C'est aux Nasamons qu'il a fallu nous adresser pour comprendre le rite funéraire de l'Égypte primitive et Rohlfs (1), atteste que, malgré l'islamisme, l'inhumation en posture accroupie subsiste dans l'oasis de Taiserbo. C'est la position que les squelettes affectent dans ces « tombes en cuvette » provenant d'une colonie libyenne qui, après la XII^e dynastie, aurait pénétré jusqu'à Diospolis (XVIII^e s.) et qui présentaient de telles ressemblances avec les tombes néolithiques que Flinders Petrie les considéra d'abord comme appartenant à une même invasion de Timihou. Outre des colliers de coquilles et des crânes de bœuf et de bélier ornés de peintures, on y a trouvé des poteries de même technique que les poteries préhistoriques, rouges à bord noirci. Quant à la poterie kabyle à peinture blanche, il y a longtemps qu'on l'a rapprochée de la

(1) Rohlfs, *Kufra*, p. 269, cité par Randall-Mac-Iver, *Libyan Notes*, 1901. D'autres exemples, empruntés notamment aux peuples de toute l'Afrique du Sud Ouest auxquels ils a fallu ajouter les dolmens algériens sont donnés par R. Andrée, *Archiv. f. Anthropologie*, 1903. Pour le tatouage en Égypte et en Afrique, cf. Decorse, *l'Anthropologie*, 1905, et Myers, *Journ. Anthrop. Inst.*, 1903.

céramique incisée qu'on trouve en Égypte comme dans tout le bassin égéen. Faut-il rappeler encore la ligne des Oasis, où Égyptiens et Libyens se rencontrent et se mêlent sans heurt, comme s'il n'y avait entre eux aucune différence essentielle? Le bélier Amon et le chacal Anubis, Seth et Neith, qui sont plus libyens qu'égyptiens? Le nom du roi de Basse Égypte, *bat*, qu'on a rapproché de *battos*, le titre que les rois grecs de Cyrène auraient emprunté à leurs prédécesseurs libyens? La vigne qui florissait dans les Oasis comme dans le Delta? Tout le merveilleux développement de l'art de la pierre saharien qui ne trouve son égal qu'en Égypte? Si l'on songe au peu que nous savons des Libyens, on ne saurait considérer comme fortuit un pareil corps d'analogies. En tout cas,cet ensemble de faits paraît autrement probant que toutes les vaines assertions sur lesquelles on s'est efforcé d'étayer la théorie chaldéenne ou que les vagues présomptions qui ont permis de parler du Pount, comme point de départ des fondateurs de la royauté égyptienne, serviteurs de cet Horus dont le souvenir subsisterait dans l'arabe *hor*, le faucon éponyme des Horites de Syrie?

Comme le nom de Pount paraît avoir été donné pareillement à toute la côte asiatique ou africaine qui s'étend du pays d'Oman à celui des Somalis, comme les Pounites ne seraient pas seulement ainsi des Asiates par leur situation géographique, mais que le roi Juba les aurait visés lorsqu'il qualifie les riverains du Nil, de Syène à Méroë, non d'Éthiopiens mais d'Arabes, faire venir les conquérants de l'Égypte à Koçéir (d'où ils auraient gagné Koptos par l'ouady Hammamât), soit directement d'Arabie, soit après avoir remonté la côte depuis l'Érythrée, c'est, par un moyen détourné, donner de nouveau comme civilisateurs à l'Égypte ces mêmes Sémites dont une autre branche, partie du Pount d'Arabie,serait venue s'établir en Phénicie. Ainsi les Égyptiens seraient cousins des Phéniciens. Malheureusement les partisans de cette théorie ne trouvent à invoquer que ce seul fait : le nom de Pount est toujours écrit sans le déterminatif des pays étrangers. Peut-être faut-il attribuer cette particularité au caractère imprécis et légendaire du Pount, une sorte de paradis lointain que les Égyptiens identifièrent avec le Taneter, le pays des dieux. On n'en entend pas parler avant la IV^e^ dynastie; depuis,sous Pépi II (vers 2.500),sous Mentohotep III (v. 2.100) et surtout au temps de la reine Hatshopshitu (v. 1.480), ce sont de véritables expéditions qu'on y envoie et la surprise joyeuse qu'on témoigne chaque fois, à leur réussite, indique suffisamment l'absence de relations suivies. C'est dans les merveilles du Pount que l'imagination populaire place les aventures d'un prototype égyptien de Sindbad ; après y avoir vu une reine-serpent et d'autres prodiges, il revient chargé de tous les produits précieux qu'on voit figurés au temple élevé par Hatshopshitu à Deir-el-Bahari : or et électrum, myrrhe et cinname, peaux tachetées et bois odorants. Comment les conquérants de l'Égypte seraient-ils devenus des métallurges et des guerriers dans ce pays de cocagne, et pourquoi l'auraient-ils abandonné et perdu de vue (1)?

Ces difficultés n'ont pas empêché le succès du système qui verrait dans le Pount « l'escale » des protosémites qui auraient civilisé l'Égypte (Petrie, Breasted, Capart, Wiedemann, Naville). Cependant les protagonistes de ce système n'ont pu se décider à rejeter entièrement l'ancienne hypothèse qui fait venir les Sémites en Égypte plus directement : tandis que les Pounites traversaient le détroit de Bab el Mandeb, un rameau de même race, pareillement imprégné de culture chaldéenne, aurait passé l'isthme de Suez pour venir fonder Bouto qu'on rapproche de Pount! Ce seraient les Anou, qui auraient laissé leur nom (qu'on rapproche du dieu chaldéen homonyme !) dans la grande ville d'An ou d'On, à la base du Delta. Le culte du soleil — Râ ou Atonou — qui lui valut son nom grec d'Héliopolis, le collège sacerdotal groupé autour de son observatoire, enfin la tradition rapportée par Pline (VI, 29) qu'elle aurait été fondée par des Arabes — ce seraient là autant de traces d'influence chaldéenne (2). Cette thèse préconçue n'a pas été seule à dénaturer l'histoire des Anou ; c'est sur l'image de l'invasion des Hyksôs, adorateurs de Suteh et tireurs d'arc, qu'on a voulu reconstituer celle des archers Anou, fidèles de Seth. Si Suteh d'Avaris a été identifié par les Hyksôs à Seth, ce qui n'a pas laissé de contribuer à l'exécration dont l'ennemi d'Osiris est devenu l'objet, il n'y a aucune raison de croire à leur identité originelle et l'on ne peut trouver aucun point de rapprochement sérieux entre les cavaliers Bédouins, peut-être de provenance touranienne, qui envahirent le Delta vers 1.800, et la population primitive qui l'occupait

(1) On trouvera tout ce que l'on sait du pays de Pount réuni dans l'ouvrage de E. Naville sur *Deir-el-Bahari* (3 vol. Londres, 1898). On a surtout insisté sur le type physique des Pounites représentés sur les fresques ; mais cette ressemblance réside principalement dans la barbe en pointe recoquillée, les cheveux calamistrés, les anneaux aux jointures qu'on a vus portés par les Lybiens et par la population primitive de l'Égypte : ces caractères s'effacent peu à peu après la conquête horienne et différencieraient donc les Pounites plus qu'ils ne les rapprocheraient des Horiens. Il en est de même de la stéatopygie des femmes du Pount et de leurs seins pendants, caractères qui disparaissent à peu près à l'époque dynastique.

(2) C'est notamment la théorie préconisée par de Morgan, Capart, Loret, Newberry et Hall. Naville et Moret tiennent, au contraire, pour l'origine africaine des Anou.

2.000 ans auparavant, chaque clan vivant de pêche dans son village fortifié, comme les populations deltaïques y vivaient au temps d'Hérodote, et plaçant les champs d'Ialou, où se rendent leurs morts, dans ces derniers îlots que n'avaient pas encore colmatés les alluvions du Nil. C'est, d'ailleurs, une erreur facile à réfuter que de prétendre que les Anou ne dépassaient pas Héliopolis. Si c'est là l'An du Nord, Hermonthis, première capitale du futur nome thébain, est l'An du Sud et possède dans son bœuf Bakis ou Anhouris le pendant du Mnévis d'Héliopolis, pendant qui est adoré dans le nome thinite comme à Sébennytos et à Paprémis dans le Delta ; le même nom s'est conservé dans Ananou, près de Panopolis, et, peut-être, dans le dieu libyen de Gau-el-Kébir, dont les Grecs firent Antaïoupolis ; Min, dieu de Koptos et de Panopolis, est dit « chef des Anou » et le signe qui les désigne reparaît dans les hiéroglyphes des villes de Denderah et de Latopolis et, peut-être, de Thinis, près Abydos, où l'on a retrouvé la stèle préhistorique d'un chef Anou sous l'enseigne duquel Petrie voudrait lire « Tera-Neter (consacré à Dieu), chef de la ville de Hemen ». A l'époque historique, il est souvent question des victoires des rois sur les Anou du Sinaï où Khoufou les combat encore vers 2.900 au milieu des champs de silex qu'ils ont laissés au Ouady-Magharah ; et la Nubie, comme le Désert et le Delta, passèrent toujours pour le domaine de Seth, le dieu des Anou. La façon dont sont représentés ces triomphes est celle qui a inspiré toute une série de monuments figurant « la fête de frapper les Anou » dont il est déjà question dans la pierre de Palerme, sous la V^e^ dynastie, et que Thoutmès III célébrait encore au temps de la XVIII^e^ (1). Ces documents ont permis de reconnaître les premiers exemples de la même cérémonie dans la célèbre palette de Nar-Mer et sur des cylindres d'ivoire du roi Den, autre souverain de la I^re^ dynastie. Or, les Anou que le roi décapite solennellement sur ces monuments ne diffèrent en rien des autres ennemis qu'écrasent, sur les monuments similaires, le lion, le taureau ou le faucon royal. Les cheveux épais et crépus, la barbe calamistrée en pointe, nus sauf la corde autour des reins d'où pend l'étui phallocrypte, ils ne diffèrent en rien de la population préhistorique de la Haute-Égypte. Leurs places sont attaquées par les clans du Faucon, de l'Ibis, du Lion, du Chacal ou du Lévrier, du Scorpion, des Flèches et du Boumerang (?), de la Tresse de cheveux (?) ; mais elles sont défendues par le Scorpion, le Vanneau, la Chouette, le Héron, le Lévrier ou le Chacal, les Deux Palmes et l'Arc. Ainsi,

(1) Sur cette fête, voir Capart, *Revue de l'Histoire des Religions*, 1901.

même division en clans dans l'armée des rois Horiens que dans les villages des peintures préhistoriques et dans les places des Anou. Le même *totem* se trouve parfois de part et d'autre. Plutôt que de supposer, avec M. Loret, tout un système compliqué d'alliances et de défections, ne vaut-il pas mieux admettre ce fait évident : entre les habitants de la Haute et de la Basse-Égypte, à l'époque préhistorique, comme entre les clans qui suivent les rois Horiens et les clans qu'ils combattent, il n'y a nulle différence ethnique profonde et le nom d'Anou peut s'appliquer indifféremment à toute la population de l'Égypte prédynastique, population que les rois Horiens paraissent avoir ou soumise ou refoulée, d'une part en Nubie, au Sinaï de l'autre.

Qu'est-ce, au reste, que ces Anou? Comme les Horiens — les *Shemshu Heru* — sont les fidèles du Faucon, les Anou sont les adorateurs d'un emblème particulier : un pilier d'où sort une flèche. Le pilier est le symbole d'Osiris vénéré particulièrement à Mendès, Busiris, Saïs, Thèbes, Gizeh et Abydos, et, pleurant Osiris qu'elle retrouvera dans le pilier *An*, Isis, déesse de Bouto, est appelée « Ant, sœur d'An » ; la flèche, associée ou non au pilier, est le symbole de Neith de Saïs et de Min de Koptos et de Panopolis. Ne peut-on entrevoir que certains clans se seraient groupés autour du clan du pilier, de la flèche ou de l'arc, — les Anou sont souvent appelés *Sati*, les archers, — comme d'autres se sont confédérés autour du Faucon ou du Taureau? Peut-être furent-ils neuf à se confédérer autour de l'Arc et ces neuf dieux auraient-ils formé l'ennéade d'Héliopolis? C'est ainsi qu'aurait pris naissance cette expression des « Neuf arcs » sous laquelle les descendants des pharaons horiens désignèrent longtemps l'ensemble de leurs ennemis. On sait qu'il nous reste, comme documents sur ces guerres lointaines, les légendes d'Osiris et d'Horus dont les découvertes récentes vont mettre en lumière la valeur historique comme elles l'ont fait, ailleurs, pour tant d'autres légendes. En faisant toutes les réserves nécessaires sur les altérations subies par les légendes, sur les éléments mythiques qui s'y sont introduits, sur les faits historiques plus récents qui ont pu les déformer (notamment la lutte entre les rois thébains et les Hyksôs à laquelle on aura voulu donner un prototype divin), il subsistera peut-être une trame de ce genre. Après une guerre entre les clans Osiriens, cantonnés au centre de l'Égypte, et les clans Séthiens habitant le Delta, les Osiriens vaincus auraient fait appel à leurs voisins d'au delà de la 1re cataracte, les clans Horiens : après une longue série de guerres, ces *Shemshu Heru*, compagnons d'Horus, auraient rejeté au Nord les *Shamiou Set*, conjurés de Seth, s'installant solidement dans le futur nome thébain où s'élèvent leurs grandes villes autour des temples de leurs dieux, Nekhen-Hiérakonpolis et Nekhet-Eilithyapolis, Koptos, Edfou, Dendérah, Abydos et Thinis. Pendant longtemps, à côté de ce royaume de Haute-Égypte et en lutte avec lui, subsista un royaume de Moyenne et Basse-Égypte, dont la pierre de Palerme connaît encore sept rois indépendants. Le premier chef horien qui, arrêtant au Mur Blanc de Memphis les incursions des Anou, fit rentrer dans son royaume toute la Moyenne Égypte, Men-Aha, « le faucon guerroyeur », qui est aussi Sma, « l'unificateur », devint, sous le nom de Ménès, la souche glorieuse des dynasties égyptiennes. Il fallut néanmoins, après lui, encore huit de ces batailleurs qu'on pourrait appeler « les assembleurs de la terre égyptienne » jusqu'à ce que Khasekhem-Besh, premier pharaon de la IIe dynastie, après avoir tué les 47.209 Nordistes énumérés sur la base de sa statue, pût réunir définitivement les deux royaumes (v. 3.200) (1).

Quel que soit le détail de ces événements, ce qui est certain c'est que l'Égypte a longtemps été divisée en deux royaumes : théoriquement, elle l'est toujours restée et pratiquement elle l'est souvent redevenue. Les rois sont toujours appelés « Seigneurs des Deux Pays » ou « double Seigneur »; outre leurs noms particuliers, ils portent un nom d'Horus et un nom de Seth, et ceignent le *teshert*, couronne rouge de Seth et de Neith, comme *bat* de Basse-Égypte, et le *hetchet*, mitre blanche d'Horus et d'Osiris, comme *suten* de Haute-Égypte. Dans leurs armes se joignent l'uræus de Bouto et la vautour de Nekhet, le roseau du Sud et l'abeille du Nord, le papyrus de Memphis et le lotus de Thèbes, et, à côté des emblèmes particuliers, Horus et Seth semblent se partager tous les nomes. Dans cette union, c'est le Sud qui l'emporte sur le Nord et l'Égyptien à crâne et menton ras qui le représente sur l'Égyptien barbu et chevelu symbole du Nord. Sans parler de la fête des Anou, dans la couronne unie, le *pschent* ou le *sekhet*, c'est la mitre blanche qui forme le centre; et c'est vers le Sud que l'Égyptien regarde pour

(1) Cet état d'hostilité n'exclut pas les alliances temporaires ou partielles dont M. Loret voit l'indication dans la présence d'insignes séthiens au milieu des enseignes horiennes. On peut rappeler encore le nome chemmite dans le Delta qui aurait servi d'asile à Isis et à Horus et les princesses de Saïs qui épousent des rois de la Ire dynastie. Sur ce point, voir Newberry (*Proceedings of Biblical Society*, 1906 p. 70), qui voudrait aussi que Hiérakonpolis ait été la Ire capitale des rois horiens (*Ibid.*, 1905, 295). On peut s'imaginer cette lutte d'après celle qui éclata au VIIIe siècle lorsque les rois Saïtes essayant de reconquérir la Basse-Égypte morcelée en une vingtaine de principautés, celles-ci appelèrent à leur aide les rois de Napata qui s'étaient taillés un royaume moitié égyptien, moitié éthiopien, de Méroé à Syène; après de longues hostilités, l'un de ces princes, adorateurs d'Amon-Râ, Pionki-Miamoûn, soumettant enfin le Delta, restaurait vers 720 l'unité égyptienne comme Khasekhem-Besh l'avait établie vers 3200.

s'orienter. Horus et Osiris deviennent les dieux tutélaires de l'Égypte, tandis que Seth, expulsé de partout, est réduit au rôle de démon malfaisant ; c'est *suten* qui signifie le roi par excellence et, dans les protocoles, le Sud passe avant le Nord, comme, dans les sacrifices royaux, le taureau du Sud a la préférence.

Il est donc avéré que, dans la réalité comme dans la légende, ce sont les clans de Haute-Égypte qui l'ont emporté sur ceux de Basse-Égypte. Ne faut-il pas reconnaître un même fond de vérité dans les traditions qui s'accordent à faire venir de Nubie ou d'Éthiopie les futurs unificateurs de l'Égypte ?

La légende d'Horus, gravée dans son temple d'Edfou, le représente comme envoyé de Nubie par son père Harmachis, une des formes d'Osiris et les inscriptions des pyramides parlent « du roi qui, venu à l'instar des dieux de la contrée des cataractes, a pris possession des Deux Pays, la flamme qui a saisi les deux bords du Nil ». Diodore, dans un passage fameux, rapporte que les Éthiopiens estiment la royauté égyptienne fondée par une colonie partie de leur pays sous la conduite d'Osiris et citent à l'appui nombre d'usages qui seraient communs aux deux peuples : le roi considéré comme un dieu, le rite des funérailles, le système graphique, la mitre blanche et l'uræus, le sceptre à rochet, les arcs et les massues, les boucliers de cuir, l'obligation pour les prêtres de se raser, la corde autour des reins d'où une queue pend pour cacher la nudité. De ces coutumes, à l'époque primitive, seules la mitre et le rochet semblent propres au royaume du Sud ; la plupart apparaissent aussi bien dans la Haute que dans la Basse-Égypte comme l'étui phallocrypte, la queue et la perruque postiches, le grand arc de bois qui ont persisté en Éthiopie, comme l'uræus adoré surtout à Bouto dans le Delta, mais qui est aussi le symbole de Miritskro à Thèbes, tandis que la mitre, probablement faite de plantes aquatiques, qui caractérise les rois Horiens, peut dériver du bonnet pointu qui se voit sur des statuettes prédynastiques et dynastiques d'Hiérakonpolis et d'Abydos. Quant au menton ras, dont la mode se développera si rapidement dans l'Égypte memphite, il ne paraît ni chez les Libyens ni chez les Anou du Nord ou du Sud, ni chez les rois Horiens ; seuls, sur la palette de Nar-Mer, le porte-sandale du roi et le porte-enseigne de la Tresse de Cheveux apparaissent sans barbe ; cependant, on a vu que le sac dont certains Égyptiens préhistoriques se recouvrent la barbe permet de supposer qu'une idée d'impureté s'attachait déjà à son port. Quoi qu'il en soit, on se retrouve en présence de la même impossibilité de définir aucune différence essentielle tant entre les Anou du Nord et du Sud qu'entre les clans postérieurs et les clans antérieurs à la conquête horienne. Bien qu'ennemis, les peuples qui ont formé l'Égypte paraissent apparentés entre eux comme leurs dieux ; le pire adversaire d'Osiris et d'Horus n'est-il pas Seth, leur frère et oncle? C'est une vérité qui paraît avoir moins échappé aux anciens qu'aux modernes. On sait que la Genèse considère comme neveux de Koush et de Kanaan et fils de Mizraïm l'Égyptien, les Loudim, qui sont sans doute les Lotanou du Sinaï, les Ananim qui seraient leurs voisins, les Anou, les Naphtouhim, gens de Phtah qui prédomine à Memphis et dans la Moyenne-Égypte, les Pathrousim, habitant le *Patorisi*, le royaume du Sud, enfin les Lehabim ou Libyens et les Kaphtorim, Crétois ou Philistins (1).

Si la domination horienne ne nous apparaît donc plus comme ayant transformé, par une révolution soudaine, la race et la culture égyptiennes, si elle n'a fait plutôt qu'en mettre en œuvre et en coordonner les divers éléments pour un plus plein épanouissement, il n'en est pas moins vrai qu'elle semble avoir été secondée dans sa double tâche de conquête et de civilisation par un facteur nouveau : l'introduction de la métallurgie. Sans doute, on rencontre dans les tombes préhistoriques quelques fragments de cuivre provenant apparemment de ces mines du Sinaï dont, dès la Ire dynastie, le roi Semerkhet devait assurer l'exploitation; mais on est loin de ce rapide développement des instruments de métal qu'impliquent les grands travaux d'art des premières dynasties. Le fer n'était probablement pas ignoré à l'époque préhistorique; mais on ne le connaissait guère que sous forme d'hématite pulvérulente servant à colorer la poterie ou de ces météorites qui lui ont valu son nom égyptien de *ba-en-pet*, pierre du ciel; sacré, comme élément essentiel de la voûte céleste, le fer ne pourra être travaillé que par des êtres sacrés.

Aussi ne s'étonnera-t-on pas de trouver, groupée autour d'Horus, une véritable caste sacerdotale de forgerons (1). Ce sont ces *masniou* d'Horus,

(1) *Genèse*, x, 13-14. Sur ce texte, voir, en dernier lieu, H. Vincent, *Canaan*, 1907, p. 455, et M. J. Lagrange, *la Crète ancienne*, 1908, p. 152.

(1) Voir le mémoire de Maspero sur *les Forgerons d'Horus*, dans ses *Études de Mythologie égyptienne*, t. II (1893). Sur les Dankas, identiques sans doute aux Satyres de Diodore (I, 18) qui seraient venus rejoindre en Éthiopie l'armée d'Osiris, prototypes du dieu Bès ou Bisou (où les panbabylonistes ont vu une déformation du « Neurodhypus ») que les Pharaons aimaient à avoir comme nains, cf. Maspero, *Causeries d'Égypte*, 1907, p. 21, et Amélineau, *Prolégomènes*, I, p. 113. Sur les restes préhistoriques et les traces de culture soi-disant égyptienne dans la boucle du Niger, cf. Delafosse, *Anthropologie*, 1900, et, en dernier lieu, Desplagnes, *le Plateau central Nigérien* (1907).

représentés, sur son temple d'Edfou, le poignard ou la javeline de fer à la main ; le sanctuaire d'Edfou lui-même se serait développé autour d'une des quatre forges, *masnit*, fondées par eux pendant la conquête et le nom de leur 3e roi, Mer-pe-bâ paraît signifier « fidèle de la pierre du ciel ». Ce caractère religieux du forgeron se retrouve chez nombre de peuplades africaines et, tandis qu'Hérodote signale la rareté du cuivre en Éthiopie, on sait que le fer y est abondant ; on rencontre déjà des mines exploitées par les Égyptiens au delà de la 1re cataracte, à l'entrée même de ce pays de Konosso, où vivaient les immortels avant de reculer jusqu'en Pount, et d'où Horus serait parti pour unifier l'Égypte.

Ainsi, sans aucune intervention sémitique, l'Égypte préhistorique se serait formée d'éléments tout africains : au milieu des clans Anou, apparentés à ces Libyens blonds et barbus de l'Ouest dont Berbères et Kabyles seraient les descendants, se seraient infiltrées progressivement des tribus moins dolicocéphales, imberbes, à la peau et à la chevelure plus foncées, venues du Sud où Bégas de Nubie, Gallas d'Éthiopie, Peulhs de Nigritie, voisins des Pygmées ou Dankas qui ont dû inspirer les statuettes prédynastiques prototypes du dieu Bès, présenteraient encore le même type. Après de longues luttes, pendant la dernière période de l'Age de pierre, un de ces clans du Sud, le clan d'Horus le Faucon, grâce à ses connaissances métallurgiques, aurait imposé son hégémonie, d'abord à la Haute, puis à la Moyenne, enfin à la Basse-Égypte, achevant, vers l'an 3.000, l'unification définitive de la vallée du Nil en royaume d'Égypte.

Des squelettes accroupis des fosses préhistoriques aux momies des Pyramides, on peut suivre aujourd'hui, au moins pendant 3.000 ans, le développement continu et harmonieux de ce qui devait être la civilisation égyptienne. En même temps que les découvertes d'Égypte permettent d'établir qu'une des plus grandes civilisations du monde antique ne devrait rien de ses principes essentiels ni aux Suméro-Sémites, ni aux Indo-Européens, les fouilles d'Espagne et d'Italie, de Grèce et de Syrie, par l'identité du rite funéraire, du système graphique ou de l'art céramique, témoignent, d'une façon toujours plus manifeste, qu'une même culture a dominé dans le bassin méditerranéen à la fin de l'âge néolithique. C'est de cette culture que les sables ensoleillés d'Égypte viennent de nous rendre une image que les siècles n'ont pas affaiblie. Par cette résurrection, aussi éclatante qu'inattendue, tant pour le problème des origines méditerranéennes que pour l'histoire même de la formation de la civilisation européenne, il sera impossible désormais de ne pas tenir compte, dans leurs racines les plus profondes, des éléments africains parvenus en Égypte, à la fin du IVe millénaire, à leur plein épanouissement.

# NOTES

*En publiant en brochure cet essai, je n'ai pu y introduire qu'un petit nombre d'additions, corrections et précisions. Sans prétendre aucunement à épuiser le vaste sujet que j'ai seulement cherché à présenter sous ses faces principales, les quelques notes qui suivent ont pour but ou de remédier aux plus importantes lacunes de mon exposé ou d'indiquer le moyen d'en contrôler certaines assertions.*

P. 5. — Je crois devoir suivre dans cet article la chronologie proposée par Ed. Meyer dans les *Abhandlungen* de l'Académie de Berlin de 1904 et complétée dans les *Abhandlungen* de 1908. Plaçant en 4241, et non 1460 années plus tôt, l'origine du premier cycle sothique, la XII^e^ dynastie vient occuper les deux premiers siècles du 2^e^ millénaire (2000-1788) ; le début de la XVIII^e^ dynastie étant fixé avec certitude à 1580, il reste deux siècles pour les dynasties XIII-XVII ; ces 208 ans sont largement suffisants si l'on admet que, dans ces cinq dynasties, on compte à la fois les rois Hyksôs et les rois indigènes. Au contraire, avec le système qui place en 5701 la première apparition de Sothis (Sirius) qui fut observée sur l'horizon oriental de l'Égypte, la XII^e^ dynastie ne peut descendre plus bas que 2800-600, laissant entre elle et la XVIII d. tout un millénaire que ne peut remplir l'histoire des Hyksôs. Telle est la principale considération qui a déterminé à faire descendre jusqu'à 4241 le début de l'histoire égyptienne. Ce serait exactement le 15 juin de cette année que la coïncidence du lever héliaque de Sirius et du commencement de l'inondation aurait été remarquée à Héliopolis et prise comme date du Nouvel An. Mais l'année égyptienne n'ayant que 365 jours retardait tous les quatre ans d'un jour sur l'année réelle solaire ; en 730 ans, son premier jour, le 1^er^ Thoth, avait reculé en Décembre ; au bout de 1460 ans il était revenu au 15 juin par la perte totale d'une année. Or, on sait par le savant latin Censorinus qu'en 138 de notre ère le 1^er^ Thoth coïncidait avec le 25 juin : c'est de là qu'on a pu déduire que les cycles précédents avaient commencé en 1321, 2781, 4241.

P. 6. — On trouvera une bibliographie complète des polémiques suscitées, par les publications de Mariette, Hamy, Arcelin dans S. Reinach, *Antiquités nationales*, t. I, p. 87 (ajoutez, en faveur de l'existence d'un âge de pierre égyptien, deux articles de Hassenkamp et de Lauth dans l'*Ausland*, 1872, n° 16, 1873, n° 30). Pour l'histoire des fouilles de 1889 à 1898, on peut consulter Capart, *Revue de l'Université de Bruxelles*, 1899, pp. 105-39. Pour la période postérieure, on trouvera tous les travaux cités dans l'*Orientalische Bibliographie* de Berlin et analysés, par Wiedemann, dans les *Jahresberichte der Geschichtswissenschaft* de Berlin. Le même savant publie dans l'*Archiv für Religionswissenschaft* un Bulletin des religions de l'Égypte bien moins développé que celui que J. Capart fait paraître dans la *Revue d'Histoire des Religions*.

P. 13. — Du feu violent dont les mastabas des premiers rois portent la marque et de l'absence des momies qu'on y constate, Wiedemann a essayé de conclure à une importation en Égypte par les conquérants pénétrés de civilisation chaldéenne de la coutume de la crémation. Mais il n'est certain ni que ce rite soit très ancien en Chaldée, ni que les traces d'embrasement que montrent les parois des mastabas ne soient dues à la seule nécessité d'en durcir les massifs de briques ; les légendes de Nitokris se brûlant comme Didon ou du Phénix renaissant de ses cendres paraissent formées tardivement au contact des idées sémitiques ; le vrai sentiment des Égyptiens se traduit dans l'horreur qui s'empara d'eux quand Cambyse fit brûler le cadavre d'Amasis. Si Wiedemann a pu signaler dans le *Livre des Morts* plusieurs textes qui semblent faire allusion à la crémation, il reste à démontrer l'ancienneté de ces passages exceptionnels. Si on parvenait à la démontrer, il faudrait rapprocher ce rite, non de la légende tardive du Phénix, mais de la tradition primitive, conservée par Diodore et Manéthon, selon laquelle on aurait brûlé sur le tombeau d'Osiris des hommes roux, considérés comme des suppôts de Seth-Typhon, l'ennemi et le meurtrier d'Osiris. Il semble y avoir là un véritable *auto-da-fé* exercé aux dépens de la population primitive des nomes séthiens du Nord (où les monuments de la IVe dynastie nous montrent encore des bergers et laboureurs à barbe et chevelure blondes du pur type primitif) tenue pour collectivement responsable de la Passion d'Osiris à la manière dont les Juifs le furent, en Espagne, de la Passion du Christ. Par ce feu qui les consumait totalement avec leur souillure néfaste, c'était amoindrir les forces desséchantes de Typhon, c'était augmenter d'autant l'énergie fécondante d'Osiris. A ce titre, la crémation ne serait pas seulement un châtiment, à la manière de la décapitation ou des démembrements contre ceux qu'on croyait devoir priver de toute chance de vie d'outre-tombe, ce serait une sorte de sacrifice agraire qui a pu apparaître en Égypte avec l'agriculture même bien des siècles avant l'introduction de l'idée de l'holocauste qui purifie sa victime pour l'unir plus sûrement avec les dieux. — Cette idée du *sacrifice agraire* comme origine de la partie la plus ancienne du rituel égyptien vient d'être développée, d'après Wiedemann et Frazer, dans un remarquable article de Al. Moret, *Revue de l'Histoire des Religions*, 1908, pp. 81-101.

P. 16. — J'apprends que cette explication des palettes à godets par les *churinges* australiens aurait été présentée indépendamment par E. Cartailhac dans le *Bulletin des Sociétés archéologiques du Midi*, le 26 mars 1906, et par J. Capart dan une communication faite le 30 août 1907 à l'Académie des Inscriptions. En l'absence de renseignements plus précis sur les *churinges* (Cf. les réserves de Van Gennep, *Man*, 1908, 40), il vaudrait mieux étudier comparativement la conception qui a amené à remplacer par des pierres sacrées certains organes de la momie, notamment le cœur par un scarabée.

P. 19. — Cette page, où j'ai essayé de donner une idée du véritable travail de dissection auquel devront être soumis les dieux et les mythes égyptiens, n'est probablement pas exempte d'erreurs, tant les meilleurs ouvrages sont encore confus et contradictoires à ce sujet. La nécessité de pareils travaux n'en est que plus manifeste ; comme l'a dit Ed. Meyer, dans une récente étude sur Osiris-Khontamentiu-Anubis Apauaut, « la source fondamentale des connaissances en ce domaine, celle qui garantit les résultats les plus précieux, doit être l'analyse attentive des cultes locaux et des mythes de l'histoire divine, étudiés en partant des origines. » (Cité par J. Capart, *Rev. de l'hist. des Religions*, 1906, 350.)

P. 22. — Sur l'Oasis d'Ammon et l'île des Bienheureux, il faudrait encore renvoyer à W. Spiegelberg (*Zeitscrift f. Egypt. Sprache*, 1905, 83), à E. Naville (*C.-R. de l'Acad. des Inscriptions*, 1906, 25), et à W. Budge, *The egyptian heaven and hell* (1906), qui ont essayé récemment de préciser quelques points. Il faudrait surtout rappeler que ce rideau des oasis est disséminé sur la ligne du Bahr-Bala-Mâ, le « fleuve sans eau », cette grande dépression qui, quittant le Nil là où il fut longtemps arrêté par les granits de Syène, s'allonge dans le désert parallèlement au Nil. Ne contenant plus, aujourd'hui, entre les oasis, que d'insignifiantes flaques d'eau, ce lit desséché recevait encore le Nil à la veille de l'époque quaternaire. Sans qu'il soit besoin d'admettre que l'homme existât dès lors, comme le font supposer les nombreux éolithes trouvés dans la région, il a fallu de longs siècles pour que l'eau, et, par suite, la civilisation s'y résorbassent en d'étroites oasis. C'est dans la mesure où ils y étaient contraints par la dessiccation progressive de l'ancien Nil, après le creusement du barrage de Syène, et dans la mesure correspondante où le fleuve se canalisait dans sa nouvelle vallée que les habitants paléolithiques du Bahr-Bala-Mâ l'auront quittée peu à peu pour entrer dans la phase néolithique en passant en Égypte, par suite de conditions meilleures, notamment de la présence de roches de toute sorte offrant carrières et mines et du voisinage de la mer.

P. 27. — C'est, à ma connaissance, sur la seule palette de la chasse que paraît à l'époque prédynastique cette pointe de flèche à tranchant transversal qui restera en usage, non pour la guerre, où elle n'eût produit aucun effet, mais pour la chasse aux oiseaux, où elle devait, plutôt que tuer le volatile, l'étourdir et l'abattre. Elle n'a été probablement à l'origine qu'une sorte de casse-tête ou de bâton de jet, en os ou en bois, appliqués à l'arc ; plus tard, dans la tête élargie de cette arme, on a pratiqué un creux dans lequel, imitant la pierre tenue dans le poing fermé, on a encastré un silex, la pointe fixée à l'intérieur, la base tournée en dehors. Comme la plupart des silex triangulaires ont pu être aussi bien employés ainsi que la pointe en avant, je ne crois pas qu'on puisse conclure, avec M. de Morgan, que la flèche à tranchet ait été apportée par les conquérants horiens. Comme ce type de pointes de flèche se retrouve en fer au Caucase, on comprend l'intérêt qu'aurait eu cette démonstration pour M. de M..., qui croit à l'origine caucasique — au sens large — des civilisateurs de l'Égypte. Mais il n'ignore pas que ce type apparaît ailleurs, en pierre, notamment en France, en Écosse et en Scandinavie. (Cf. Déchelette, *Archéologie préhistorique*, I, 1908, 501). Si sa raison d'être et son origine sont bien celles que j'ai indiquées, il a dû exister partout, comme en Égypte, à côté et indépendamment de la pointe angulaire destinée à percer et à tuer. On sait que les archers, qui restèrent longtemps la force principale de l'armée égyptienne, sont représentés, dans l'Ancien Empire, la peau brune, les yeux bleus, les cheveux et la barbe roussâtres, une ou deux plumes sur la tête, un couteau de jet dans la ceinture d'un pagne à queue de panthère, figuration qui sera plus tard celle des mercenaires libyens qui les remplacent et qui est aussi celle des Anou, les principaux ennemis des Pharaons horiens ; le nom d'archers, *satiou* ou *pétitiou*, qu'ils appliqueront aux Anou et, par extension, à toute une série de peuples syriens et africains (cf. W. M. Müller. *Asien, und Europa nach ägyptischen Denkmälern*, 1893 et *Egyptological Researches*, 1906) est un terme à la fois de mépris et d'hostilité qui peut provenir seulement de ce qu'ils étaient eux-mêmes moins des archers que des piquiers. Ainsi, nous n'aurions ici qu'une application du principe qu'une étude de la répartition de l'arc dans l'Afrique actuelle a amené Ratzel à formuler (*Abhandlungen* de l'Académie de Sciences de Leipzig, 1891) : la conquête progressive des peuples archers par les peuples armés de la sagaie et que l'habitude du corps à corps a rendus plus belliqueux, fait que l'on retrouve, en Grèce, dans la prépondérance acquise par les Achéens armés de la lance, casqués et cuirassés sur les archers créto-mycéniens que ne protège aucun armement défensif. L'arc semble n'être devenu arme royale que lorsque le triomphe des Hyksôs, dû en grande partie à la supériorité de leurs arcs asiatiques, plus puissants et de plus longue portée, maniés à cheval et en char, eut convaincu les souverains d'Égypte de son utilité : c'est cet arc qui a donné la victoire à la charrerie des Ramessides. Cette différence entre l'arc composé, le *pit*, qui n'apparait qu'alors avec le carquois, et l'arc simple africain, le *chent*, est si essentielle qu'elle aurait dû suffire à faire écarter toute assimilation entre les Anou habitant les deux *Satit*, terre des archers, de Syrie et de Nubie, et les Hyksôs ; en même temps, le mépris où les *forgerons* d'Horus tenaient l'arc exclut toute communauté d'origine avec ces archers d'Arabie et de Syrie qui font partie de l'invasion Hyksôs.

P. 32. — Dans l'article cité à la note, G. Foucart, reprenant une idée indiquée par Wiedemann, J. Capart et S. Reinach, voudrait que toutes les barques figurées sur les vases placés dans les tombes eussent un caractère symbolique et religieux : la barque du mort ou, plutôt, celle qui, aux jours de fête, portait le dieu au sortir du temple. Comme je considère ces pseudo-barques comme autant de villages, je n'ai pas à discuter cette hypothèse. Les barques que je reconnais sur les vases et les fresques ou celles qu'on trouve dans la plupart des tombes modelées en argile ou en albâtre, n'y ont encore, à mon sens, aucune valeur symbolique. Elles sont destinées à fournir une embarcation au mort, au même titre que la pétrisseuse d'orge, par exemple, est censée lui procurer de la bière. Ce n'est qu'après de longs siècles d'habitat dans la vallée du Nil que put se développer la coutume de transporter les morts par le fleuve dans certaines nécropoles réputées ; l'idée et le culte de la barque divine, qui n'est pour ainsi dire qu'un transfert au ciel de la navigation humaine sur le Nil, a dû se développer simultanément. Elle a d'ailleurs pu exister en germe dès l'époque lointaine où j'ai supposé que les Égyptiens vivaient sur le Bahr-Bala-Mâ ; sinon, on ne s'expliquerait guère comment, dans les panégyries d'Ammon, le dieu de l'oasis était porté en barque et pourquoi les barques divines ont généralement l'avant et l'arrière taillés en tête de bélier. Comme on a remarqué plus haut (p. 22, n. 1) qu'Ammon avait tous les traits d'un dieu des sources et de la pluie bienfaisantes, sa barque divine, autour de laquelle pendent des patères, semble présenter ainsi le caractère primitif d'un *rain-charm*.

P. 34. — Je n'ai pas cru devoir esquisser un tableau de la vie sociale de l'Egypte préhistorique à laquelle on semble pouvoir appliquer celui que M. Maspéro, dans le 1er chapitre de sa grande *Histoire Ancienne*, a si magistralement tracé pour l'Égypte primitive. Les documents nouveaux ne font guère que confirmer l'antiquité du groupement en communautés ou clans se considérant comme issus du même germe (*pâït*), dirigées par des chefs, les *ropâïtou*, gardiens et pasteurs du germe ancestral dont leurs épouses renouvellent périodiquement l'énergie en s'unissant au *totem* souche du clan. Pour ne rien perdre du sang sacré, l'endogamie était probablement de règle dans le clan et sa forme la plus étroite, le mariage entre sœur et frère, père et fille, devait exister du moins pour les chefs, descendants et représentants directs du dieu. Comme dans la plupart des sociétés endogames, les unions multiples imposées à chaque femme amènent la famille à se grouper autour de la mère et les enfants à n'indiquer leur filiation que par le nom de la mère : à ce titre, elle est *nibit pirou*, maîtresse de la maison, et l'énorme développement des flancs que prêtent à la femme les artistes primitifs répond moins à une conception esthétique qu'à la seule considération de la femme dans ses fonctions de reproductrice. Je crois même que l'institution qui a survécu sous le nom de *Pallacides d'Ammon* (ces filles de la noblesse qui, vouées au dieu et libres de se livrer à qui bon leur semblait, gouvernèrent Thèbes à plusieurs reprises) est un legs d'un matriarcat primitif : la descendante du dieu qui s'est unie à lui dirigeant le clan, au nom de son époux divin, à condition d'y propager la semence sacrée. On peut se demander si ce n'est pas pour indiquer cette prépondérance de la mère dans la vie intérieure du clan que les artistes primitifs représentent les femmes non seulement deux fois plus larges, mais deux fois plus hautes que les hommes.

A côté de ce rôle de la femme dans le clan primitif, un autre trait ne paraît pas avoir été mis assez en évidence par M. Maspero : la superposition à la noblesse héréditaire des *roplitou* de la noblesse militaire des *monfitou*. Tandis que les *roplitou* restent avant tout des chefs de clan plus ou moins puissants suivant le nombre des hommes qui vivent sur leurs terres et qu'ils mènent à la guerre, les *monfitou* doivent personnellement le service militaire en retour du fief toujours révocable qu'ils tiennent du roi. Ce système, que les Lagides sauront perfectionner au profit de leur armée, a dû être appliqué successivement à tous les mercenaires de l'Égypte, mais il ne peut trouver son origine que dans une conquête du sol amenant le Pharaon à s'y constituer un immense domaine dont il distribuera des lots à ses soldats. Aussi n'y aurait-il pas, sans doute, impossibilité à faire remonter l'organisation de cette véritable féodalité à la conquête horienne ainsi que la progressive réduction des libres cultivateurs en fellahs attachés à la glèbe.

P. 46. — Il faut remarquer que cet argument, qu'on tire du caractère sacré de la forge du fer en Afrique équatoriale pour faire venir de là les conquérants de l'Égypte, argument sur lequel G. de Mortillet avait insisté bien avant M. Maspéro, n'est pas aussi bien fondé qu'on le suppose, d'abord, parce que le fer n'est pas totalement inconnu à l'Égypte préhistorique, ensuite, parce que les traditions égyptiennes qui plaçaient la forge du fer sous les auspices d'Horus attribuaient à Osiris la métallurgie du bronze et de l'or qui semblent avoir atteint l'une et l'autre un certain développement avant la conquête horienne (sur le texte de Diodore I, 15, voir Stéphanidès, *Athéna*, 1906, p. 587); enfin et surtout parce que le fer, bien que sa présence soit assurée aujourd'hui dans les premières pyramides, ne s'est vraiment développé en Égypte qu'à partir du Nouvel Empire. Ce n'est pareillement qu'entre la XII^e et la XVIII^e dynastie que le cuivre, qui ne contenait jusque-là que 2 0/0 de zinc, d'étain et d'arsenic, devient du bronze véritable par un alliage de 6 à 12 0/0 d'étain venu de la Drangiane indo-scythique, de l'Ibérie caucasique ou de la Galice espagnole (Cf. Montelius, *Die chronologie der ältesten Bronzezeit*, 1900, p. 116). Ainsi, si, dans la médiocrité du bronze égyptien, on peut trouver un argument de plus contre l'origine asiatique des conquérants de l'Égypte, la légende sacrée d'Edfou ne peut permettre de conclure à l'origine éthiopienne des *forgerons d'Horus;* actuellement, cette théorie ne peut guère s'appuyer que sur la concordance des traditions égyptiennes dont il reste à examiner de près la valeur historique. Si l'origine africaine de la plupart des traits essentiels de la civilisation égyptienne peut être considérée comme avérée, il est encore bien difficile d'y distinguer ce qui provient de la population primitive et ce qu'ont apporté les tribus conquérantes. Dans les récents *Prolégomènes à l'étude de la religion égyptienne* de M. Amélineau, où l'on trouvera un vigoureux plaidoyer en faveur de l'origine africaine, c'est la population néolithique qui est considérée comme éthiopienne et les conquérants comme des blancs d'Europe. Malgré son argumentation, je n'en persiste pas moins à croire que la barbe et la chevelure blondes ou rousses, le teint clair, les yeux bleus, la dolicocéphalie relative qu'on constate sur les monuments prédynastiques sont des traits de la branche libyenne et non de la branche éthiopienne des populations africaines. Mais, d'après mon hypothèse, par le long et intime contact de ces Éthiopiens avec les Égyptiens primitifs du Sud, une première fusion avait pu se faire, fusion qui n'a pu que devenir plus profonde pendant les siècles où les Horiens n'ont été maîtres que de la Haute-Égypte. Au sud-ouest et au nord de ce royaume libyco-éthiopien, les Anou ont pu conserver plus longtemps la pureté de leur race libyenne, branche africaine de la race qui parait avoir peuplé tout le bassin méditerranéen à l'époque néolithique. Si elle a, comme on le croit, passé d'Europe en Afrique à travers le détroit de Gibraltar ou le pont sicilien, on comprend que ce soit par l'ouest qu'elle ait gagné l'Égypte. Il appartiendra aux fouilles futures des oasis d'Égypte et de Tripolitaine de trancher le problème en reliant le préhistorique algérien au préhistorique égyptien.

# LA REVUE DES IDÉES

ÉTUDES DE CRITIQUE GÉNÉRALE

Fondée le 15 Janvier 1904

DIRECTEUR
ÉDOUARD DUJARDIN

RÉDACTEUR EN CHEF :
REMY DE GOURMONT

SECRÉTAIRES DE LA RÉDACTION : GEORGES BOHN, LUCIEN CORPECHOT, A. VAN GENNEP & A.-J. REINACH

---

Prix du numéro : France, 2 fr. ; Union postale, 2 fr. 25

Abonnements : France, un an, 20 fr. ; six mois, 11 fr. — Union Postale, un an, 21 fr. ; six mois, 12 fr.

---

*La* Revue des Idées *a été fondée le 15 janvier 1904.*

*Nous disions, à cette époque, que notre ambition était de jeter en quelque sorte un pont, par-dessus les agitations et les intérêts, entre les différentes branches de la connaissance scientifique, de créer, pour tous ceux qui peuvent se rendre capables d'attention soutenue, un instrument de culture générale.*

*Sans doute, ajoutions-nous, cent entreprises de vulgarisation luttent à qui mettra les notions de la science le plus commodément à la portée de la foule ; notre souci sera différent ; les synthèses que nous tenterons seront destinées non à rétrécir, mais à agrandir les questions, soit en y faisant entrer la lumière philosophique, soit en reliant les unes aux autres, pour n'en faire qu'un seul continent, ces îles de l'archipel scientifique qui n'ont encore que de rares communications entre elles.*

*Et, tout en faisant la part la plus large aux sciences, la* Revue des Idées *se défendait de vouloir être une revue purement scientifique qui eût fait double emploi avec des périodiques déjà existants, lisibles seulement pour les spécialistes ; elle voulait être une revue critique accessible à tous ceux qu'on appelait autrefois les « honnêtes gens ».*

*Le succès de la* Revue des Idées, *affirmé d'une façon éclatante dès son premier numéro et confirmé depuis avec constance, établit suffisamment que cette publication répondait à un besoin et qu'elle est venue combler une lacune. La* Revue des Idées *est la première revue synthétique embrassant les différents domaines de l'intelligence ; si elle a été imitée par d'autres publications, elle n'en a imité aucune.*

*Son programme s'étend à toutes les branches de la connaissance scientifique : philosophie, psychologie, mathématiques, physique, biologie, ethnographie, archéologie, histoire, sciences religieuses, sciences militaires, sociologie, linguistique, histoire littéraire et scientifique.*

*Instrument de culture générale, la* Revue des Idées *publie des articles sur la situation présente des grands problèmes ; elle publie également des recherches monographiques originales, des exposés critiques des diverses méthodes en matière d'investigation scientifique, des mises au point de questions complexes, etc.*

*Il suffit de se reporter à la liste des articles publiés par la* Revue *pendant les années 1904, 1905, 1906 et 1907, pour apprécier l'intérêt des sujets choisis et la haute compétence des auteurs qui les ont traités.*

*La* Revue des Idées *a, en outre, inauguré un système de notes et analyses qui, loin d'être de simples comptes-rendus, forment une série de véritables articles critiques et qui, tous, jusqu'aux moindres notes anonymes, sont dus à des spécialistes, à des hommes notoirement compétents, et pour les questions scientifiques à des hommes de laboratoire.*

# SOMMAIRES DE LA REVUE DES IDÉES

## 1904-1907

### PREMIÈRE ANNÉE

#### N° 1. — 15 janvier 1904.

*La Revue des Idées.*

Georges Bohn : — Le Radium et la radio-activité de la matière.

Maurice Vernes : — La Valeur scientifique de l'œuvre de Renan.

René Quinton : — Loi générale de constance originelle du milieu vital des cellules.

Remy de Gourmont : — François Bacon et Joseph de Maistre.

Notes et Analyses :

Herbert Spencer.

*La Vie et la Mort* (A. Dastre) ; — *les Phénomènes d'autoscopie* (Dr Sollier).

Les Rayons N ; — Action toxique des émanations du radium ; — Tentative de transformisme expérimental ; — Un cas de mémoire héréditaire chez les animaux inférieurs.

L'Abbé Loisy.

*Flore populaire* (E. Rolland).

Chronique :

Le Cynisme ; — du Schopenhauer inédit ; — Sens olfactif de l'escargot ; — Michel Servet ; — la Mort d'Alfred de Vigny ; — *Omne vivum ex ovo* ; — les Ennemis de la Science ; — Opinions sur l'alcool ; — Livres nouveaux.

#### N° 2. — 15 février 1904.

Général Bonnal : — La Psychologie militaire de Bazaine pendant la guerre de 1870, et spécialement du 5 au 15 août.

L. de la Laurencie : — La Science et l'hypothèse, de H. Poincaré.

Jacques Amyot : — Les Derniers travaux du colonel Renard et le plus lourd que l'air.

Jules de Gaultier : — Schopenhauer et Nietzsche.

Notes et Analyses :

Les Rayons N et la pensée humaine.

*Nature et Sciences naturelles* (F. Houssay) ; — *Traité de Biologie* (F. Le Dantec).

La Loi osmotique et les travaux de Widal et Javal.

L'Origine des grands lacs africains.

*En* et *Au* devant les noms géographiques.

Chronique :

Les Questionnaires en psychologie ; — le Retour éternel ; — Michel Servet et la découverte de la circulation pulmonaire ; — Un fait de sélection naturelle dans Plutarque ; — le IIe Congrès international de philosophie ; — Livres nouveaux.

#### N° 3. — 15 mars 1904.

E.-J. Marey, de l'Institut : — L'Économie de travail et l'élasticité.

G. Palante : — Deux points de vue en sociologie : le point de vue intellectualiste et le point de vue du vouloir vivre.

René Quinton : — Maintien du milieu marin originel, comme milieu vital des cellules, chez les Vertébrés.

J. de Gaultier : — Schopenhauer et Nietzsche (*fin*).

Notes et Analyses :

La Méthode de Kant : — Gœthe, Darwin et Lamarck.

La Théorie et la preuve directe.

Le Radium et l'hélium ; — Action des aimants sur les êtres vivants et les sources lumineuses.

*Physique de l'Amour* (Remy de Gourmont).

*L'Esprit de la guerre moderne ; la Manœuvre d'Iéna* (Général Bonnal).

*Forces perdues* (Pierre Baudin) ; — *De la condition du peuple au XXe siècle* (Henri Dagan).

*La Magie dans l'Inde antique* (Victor Henry) ; — Origines des contes populaires.

Chronique :

La Hiérarchie sociale au Japon ; — Gœthe et les rayons N ; — le Meurtre rituel et le sabbat ; — un Ennemi des médecins au XVIe siècle ; — Livres nouveaux.

#### N° 4. — 15 avril 1904.

Frédéric Houssay : — Les Idées d'évolution dans l'antiquité et dans le moyen âge.

Édouard Dujardin : — Les Origines du judaïsme.

Félix Le Dantec : — L'Ordre des questions de physique.

Notes et Analyses :

La Rotation de la terre et le sens des érosions fluviales.

Les Rayons N et la sensibilité sensorielle.

Nouvel appareil donnant de très forts grossissements (C. Chabrié).

La Descendance de l'homme et les idées de Haeckel sur les méthodes de l'embryologie générale ; — Dissociation de l'œuf et polyembryonie.

Condorcet : deux écoles de critique révolutionnaire.

La Division du travail.

Chronique :

Les Conférences de l'Institut général psychologique ; — la Morale de Kant ; — Sainte-Beuve jugé par Renouvier ; — le Lazaret de Marseille au XVIIIe siècle ; — Livres nouveaux.

#### N° 5. — 15 mai 1904.

Antoine Thomas, de l'Institut : — La Langue française au moyen âge, histoire externe.

Raphaël Dubois : — La Radio-activité et la vie.

A. van Gennep : — Le Mécanisme du tabou.

G. Milhaud : — Les Préoccupations scientifiques de Kant.

L. C. : — Premiers enseignements de la guerre russo-japonaise.

Notes et Analyses :

Le Sens topographique des fourmis.

Sur l'idée de temps ; — Origines des formes supérieures de la pensée abstraite ; — *Par delà le Bien et le Mal* et *la Volonté de puissance* (Nietzsche).

*Controverses transformistes* (A. Giard) — Connaissance de la femme.

La Question du néo-espagnol ; — Date de quelques clichés.

Chronique :

Le tracteur Marey et la « douga » des Russes ; — Conscience des agonisants ; — l'Enfance de madame Curie ; — Combustibilité des femmes ; — le Dos des vieux livres ; — *Lucina sine concubitu* ; — Livres nouveaux.

### N° 6. — 15 juin 1904.

Jacques Morland : — Le Comte de Gobineau.
Jacques Lecerf : — La Houille blanche.
Antoine Thomas, de l'Institut : — La Langue française au moyen âge, histoire interne.
Chesneau. — L'Actinium.

Notes et Analyses :

M. Gabriel Tarde.
Le Plaisir et l'activité ; — la Philosophie de Stendhal ; — la Valeur du témoignage.
La Loi de Mendel et l'hérédité ; — Hybridation et parthénogénèse.
L'Américanisme et la question biblique.
*Essai de sémantique* (Michel Bréal).
Un Nouveau programme de sociologie (Roberty).

Chronique :

Déformation des noms géographiques ; — le « Don des larmes » ; — le Climat et la sensibilité ; — la Température normale ; — le Régime des galères ; — la Science des anciens ; — *Lucina sine concubitu* (II) ; — Livres nouveaux.

### N° 7. — 15 juillet 1904.

René Quinton : — E.-J. Marey.
Edouard Dujardin : — La Seconde époque du Judaïsme.
Georges Bohn : — Variation et Évolution.

Notes et Analyses :

*L'Année psychologique* ; — A propos de graphologie.
Les Émanations pesantes ; — Sur la radio-activité des eaux thermales ; — l'Ex-radio ; — les Anesthésiques, les poisons et les rayons N.
Enquête sur l'influence française en Allemagne.
*Manuel républicain de l'homme et du citoyen* (Ch. Renouvier).
Des conditions de la vie économique et sociale de l'ouvrier aux États-Unis.
La Langue des Académiciens : « Bachelières ès-charité ».
*Lucina sine concubitu* (III), (ethnographie).

Chronique :

Le Serpent de mer ; — une Rectification de Madame Curie ; — Livres nouveaux.

### N° 8. — 15 août 1904.

P.-E. Launois et Pierre Roy : — Études biologiques sur les géants (avec 9 figures hors texte).
P. Hachet-Souplet : — L'Abstraction chez les animaux.
Georges Rivière : — Les Étapes de l'archéologie orientale.
L. Bélugou : — Les Néopsychologues.

Notes et Analyses :

Sur l'animal inconnu dit « Serpent de mer ».
De la déshydratation dans certains phénomènes biologiques.
Le Lavage mécanique du sang.
Sur les propriétés de différentes substances relativement à l'émission pesante ; — Actions des forces magnétique et électrique sur l'émission pesante, entraînement de cette émission par l'air en mouvement.

Chronique :

L'Innocuité des huîtres.

### N° 9. — 15 septembre 1904.

Général Bonnal : — La Manœuvre de Magenta (avec 4 cartes).
G. Loisel : — Les Lois de Mendel et l'hérédité.
Jules de Gaultier : — Nietzsche et la croyance idéologique.
L. Laloy : — Glaciers et période glaciaire.

Notes et analyses :

La Vision.
Exhaussements et affaissements du rivage des mers.
Perfectionnements apportés au procédé photographique pour enregistrer l'action des rayons N sur une petite étincelle électrique.
L'Idée de sexualité dans le langage.
Le Quatrième Évangile.

Chronique :

Gœthe et les rayons N (II) ; — Luther et la science ; — un Précurseur de Pasteur au XVII<sup></sup>e siècle ; — Ancienne pharmacopée, la poudre de momie ; — Livres nouveaux.

### N° 10. — 15 octobre 1904.

Pierre Bonnier : — Contre-sens physiologiques.
Général Bonnal : — La Manœuvre de Magenta (*suite*), (avec 2 cartes).
E. Rabaud : — Les Corrélations embryonnaires.

Notes et analyses :

La Division cellulaire étudiée expérimentalement.
Des venins, et en particulier de celui des abeilles.
*Manuel d'histoire des religions.*
*La Deffence et illustration de la langue françoyse.*
*Les Epilogues* (Remy de Gourmont).

Chronique :

Histoire du Serpent de mer (III) ; — Livres nouveaux.

### N° 11. — 15 novembre 1904.

H. Poincaré, de l'Institut : — L'État actuel et l'avenir de la physique mathématique.
Edouard Dujardin : — Les Livres de Moïse.
Général Bonnal : — La Manœuvre de Magenta (*fin*), (avec 2 cartes).

Notes et Analyses :

René Quinton : — Réponse à une critique de M. Le Dantec, touchant la loi de constance marine.
Les Poisons des glandes génitales.
A propos des Vertébrés allantoïdiens marins.
*La Terre et la race roumaines* (A. Sturdza).
Peintures et gravures préhistoriques.

Chronique :

Notes pour l'histoire de la réforme de l'orthographe ; — Livres nouveaux.

### N° 12. — 15 décembre 1904.

Sylvain Lévi : — La Transformation des études sanscrites au cours du XIX<sup></sup>e siècle.
Gustave Loisel : — Le Problème du déterminisme sexuel et de la procréation des sexes.
Paul Lafargue : — Les Mythes historiques : le mythe de Prométhée.
Christian Cornélissen : — L'Application des mathématiques aux sciences sociales.

—

## DEUXIÈME ANNÉE

### N° 13. — 15 janvier 1905.



### N° 14. — 15 février 1905.



### N° 15. — 15 mars 1905.



### N° 16. — 15 avril 1905.



### N° 17. — 15 mai 1905.



### N° 18. — 15 juin 1905.



### N° 19. — 15 juillet 1905.

Noël Bernard : — Maladies parasitaires et évolution des végétaux (avec 5 figures).
Paul Gastou : — Nature et conception de la scrofule.

Notes et Analyses :

Lucien Corpechot : — *L'Avenir de l'intelligence* (Charles Maurras).
C. Chéneveau : — Photographies en couleurs du spectre, négatives par transmission.
Madagascar.
Georges Rivière : — Les Civilisations anonymes.
Remy de Gourmont : — Un Voyage en France.

Livres nouveaux.

## N° 20. — 15 août 1905.

J. de Morgan, délégué général en Perse du Ministère de l'Instruction Publique : — Les Recherches archéologiques, leur but et leurs procédés.
Jules de Gaultier : — Henri Heine et le romantisme de la raison.
Xavier Perreau : — La Pluralité des modes et la théorie générale de la musique, la série des modes.

Notes et Analyses :

Etienne Rabaud : — Sur l'autotomie.
Van Gennep : — Genres et classes (ethnographie).

Livres nouveaux.

## N° 21. — 15 septembre 1905.

Etienne Rabaud : — Le Génie et les théories de M. Lombroso.
A. Prenant : — Les Progrès de la cytologie.
Christian Cornélissen : — L'État actuel de la science économique.
Edouard Dujardin : — La Dispersion, notes sur l'expansion juive dans le monde gréco-romain avant l'avènement du christianisme.

Notes et Analyses :

C. Chéneveau : — Les Tubes à vide de M. Cooper-Hewitt.
A. Joxe : — Sur la nutrition carbonée des plantes vertes.
Chimie et micrographie appliquée à la préhistoire.
Lucien Corpechot : — *La Manœuvre de Vilna* (Général Bonnal).

## N° 22. — 15 octobre 1905.

Pierre Janet : — Les Oscillations du niveau mental.
Joseph Deschamps : — L'Idée mathématique.
J. de Morgan : — Les Recherches archéologiques, leur but et leurs procédés (deuxième article).

Notes et Analyses :

C. Chéneveau : — Sur les gaz produits par l'actinium.
Georges Bohn : — Nouvelles études sur le sang. Le Lavage mécanique du sang (II).
Joseph Barthélemy : — L'Action personnelle du président des Etats-Unis.

## N° 23. — 15 novembre 1905.

X... : — L'Armement actuel de l'artillerie de campagne (avec 2 figures).
A. Ménégaux : — L'Okapi (avec 2 figures).
L. Blaringhem : — L'origine des espèces, sélection et mutation (avec 1 figure).
J. de Morgan : — Les Recherches archéologiques, leur but et leurs procédés (troisième article).

Notes et Analyses :

Robert-Simon : — Supériorité de l'eau de mer sur le sérum artificiel en thérapeutique infantile (avec 1 figure).
A propos des rites phalliques.
Lucien Corpechot : — *Etudes sur les armées du Directoire* (Capitaine Mahon).

Livres nouveaux.

## N° 24. — 15 décembre 1905.

Frédéric Houssay : — L'Abstraction dans les sciences naturelles.
J. Deniker : — Les Races de l'Europe.
A. Marie, médecin en chef des asiles de la Seine : — La Nature des démences.
Jules de Gaultier : — L'Idéalisme et ses conséquences.

Notes et Analyses :

G. Chéneveau : — Le Radio-thorium.
Anna Drzewina : — La Droiterie et la Gaucherie.
A. Joxe : — Variations sexuelles chez l'Aucuba japonica.
A propos de l'Okapi, page inédite du Journal de route de l'expédition Congo-Nil (Colonel Marchand).
Raymond de Passillé : — Pierre Bayle.

Livres nouveaux.

—

## TROISIÈME ANNÉE

## N° 25. — 15 janvier 1906.

L. Pascault : — L'Arthritisme, maladie de civilisation.
G. Milhaud : — Paul Tannery.
Lucien Corpechot : — L'Esprit de France.
Jules de Gaultier : — L'Idéalisme et ses conséquences (*fin*).

Notes et Analyses :

Georges Bohn : — *L'Evolution de la matière* (Dr Gustave Le Bon).
G. Loisel : — Les Substances toxiques des produits génitaux et leur rôle dans la fécondation.

Livres nouveaux.

## N° 26. — 15 février 1906.

Stanislas Meunier : — Les Harmonies de l'évolution terrestre.
Georges Rivière : — L'Esthétique et la technique dans l'Egypte et l'Orient ancien.
Georges Bohn : — Rapports et contrastes biologiques entre les animaux et les végétaux.

Notes et Analyses :

*Histoire ancienne de l'Eglise* (Mgr L. Duchesne).
Organisation de stations biologiques.
L. Blaringhem : — Les Découvertes de Gregor Mendel et la loi de disjonction des hybrides.
Lucien Corpechot : — *Le Drame de Varennes* (G. Lenôtre).
A. van Gennep : — Le Rôle des Germains dans la Renaissance italienne.
Christian Cornélissen : — Notes d'économie.

Livres nouveaux.

## N° 27. — 15 mars 1906.

J. Grasset : — L'Organisation de la défense so-

### N° 28. — 15 avril 1906.



### N° 29. — 15 mai 1906.



### N° 30. — 15 juin 1906.



### N° 31. — 15 juillet 1906.



### N° 32. — 15 août 1906.



### N° 33. — 15 septembre 1906.



### N° 34. — 15 octobre 1906.



### N° 35. — 15 novembre 1906.

LÉON DE MONTESQUIOU : — Les Diverses phases de la sentimentalité.
X*** : — La Colonisation en Indo-Chine.
PAUL SIMON : — La Morale scientifique.

Notes et Analyses :

LUCIEN CORPECHOT : — A propos d'une lecture de M. Dastre à l'Institut.
PIERRE THOMAS : — Le Traitement des trypanosomiases par les couleurs de benzidine.
A. JOXE : — Assimilation chlorophyllienne des composés amidés.
JEAN LAFFITTE : — *Le Sourire, psychologie et physiologie* (Georges Dumas).
J. THARAUD : — *N.-H. Abel* (Lucas de Peslouan).

Livres nouveaux.

### N° 36. — 15 décembre 1906.

JULES DE GAULTIER : — Commentaire des *Raisons de l'Idéalisme*.
GEORGES BOHN : — Les Couleurs dans la nature.
GEORGES MATISSE : — Les Méthodes de la psychologie (méthodes anatomo-physiologiques et zoologiques).

Notes et Analyses :

E. JEAN AUBRY : — Des Origines et de quelques aspects du roman moderne d'hypothèse scientifique.
ANNA DRZEWINA : — *Origine polyphylétique des modes d'alimentation, de la sexualité et de la mortalité* (J. Massart).
A. VAN GENNEP : — La direction nouvelle de la linguistique.

Livres nouveaux.

—

## QUATRIÈME ANNÉE

### N° 37. — 15 janvier 1907.

PIERRE DE NOLHAC : — Le Grand Parc et les eaux de Versailles.
A. DANGEARD : — L'Evolution de la sexualité générale, son importance dans le cycle du développement des végétaux et des animaux (avec 18 figures).
H. DE KEYSERLING : — Le *Kant* de M. Houston Stewart Chamberlain.
GUSTAVE LOISEL : — L'Etude expérimentale de la variation et de l'hybridité.
A. VAN GENNEP : — Un Système nègre de classification, sa portée linguistique.

Notes et Analyses :

L. LALOY : — *Parasitisme et mutualisme dans la nature* (Etienne Rabaud).
ERNEST-JULES DURAND : — Quelques remarques sur les progrès de la photographie.
A. JOXE : — *Le Transformisme appliqué à l'agriculture* (J. Costantin).
RAYMOND DE PASSILLÉ : — Boucher de Perthes.
ALBERT CHARPENTIER : — A propos du Jules César de Shakespeare.

Livres nouveaux.

### N° 38. — 15 février 1907.

A. VAN GENNEP : — La Question d'Homère.
GEORGES RENAUDET : — La Plasmogénie et l'évolution de la matière.
THÉODORE DUBET : — Saint François d'Assise et le mysticisme au moyen âge.
A. NICOLAS : — Les Langues internationales, sabirisme et sémantisme.

Notes et Analyses :

GEORGES BOHN : — La Morphogénèse d'après les travaux de MM. Anthony et Malard.
ANNA DRZEWINA : — *Le Cycle périodique de la température* (Toulouse et Piéron).
LUCIEN CORPECHOT : — A propos du discours de M. Maurice Barrès à l'Académie française.

Livres nouveaux.

### N° 39. — 15 mars 1907.

MAURICE VERNES : — L'Enseignement de l'exégèse biblique à la Faculté des Lettres de Paris.
E. FAURÉ-FREMIET : — Les Organismes monocellulaires et les problèmes psychologiques.
ALBERT DAUZAT : — Les Tendances actuelles de la linguistique romane.
LOUIS LEGRAND : — La Multiplication cellulaire, causes et conséquences au point de vue de la hiérarchie des tissus.
L. FRÉDET : — Le Pluralisme.

Notes et Analyses :

GEORGES BOHN : — A propos d'un article sur les couleurs dans la nature.
C. B. : — *La Guerre russo-japonaise, historique, enseignements* (R. Meunier).

Livres nouveaux.

### N° 40. — 15 avril 1907.

P. BRENOT : — La Télégraphie sans fil (avec 20 figures).
A. VAN GENNEP : — La Situation actuelle des enquêtes ethnographiques.
GASTON GAILLARD : — Des Conditions optiques et de la forme visuelle de l'intelligence.
L.-L. BLANCHOT : — L'Esthétique de Platon et les artistes de son temps.
GEORGES MATISSE : — Essai philosophique sur l'énergétique (avec 2 figures).

Notes et Analyses :

ERNEST-JULES DURAND : — *Les Ions et les médications ioniques* (Stéphane Leduc).
CH. DUGUET : — Lettres de Baudelaire.

Livres nouveaux.

### N° 41. — 15 mai 1907.

Lt COLONEL HARTMANN : — La Crise du Conservatoire des Arts et Métiers.
CHARLES PERRON : — La Cartographie (avec 13 planches).
JACQUES AMIOT : — La Structure de la molécule chimique (avec 9 figures).

Notes et Analyses :

P. THOMAS : — Le Traitement de la maladie du sommeil.
R. OLRY : — Sur une application intéressante du Crédit agricole.
JEAN THARAUD : — Pierre-André Latreille.

Livres nouveaux.

### N° 42. — 15 juin 1907.

R. OLRY : — L'Agriculture française et la concurrence mondiale.
CH. DUGUET : — Herbert Spencer d'après son autobiographie.
JOSEPH DESCHAMPS : — Premiers développements de l'idée mathématique.

Notes et Analyses :

[illegible] : — *Esquisse d'une Sociologie* (E. Waxweiler).
[illegible] : — Christianisme et Bouddhisme.
[illegible] : — *Le Mensonge de l'Art* (Paulhan).
[illegible] : — *Les Maîtres italiens d'autrefois* (T. de Wyzewa).
Livres nouveaux.

**N° 43. — 15 juillet 1907.**

A. Marie et Raymond Meunier : — Les Vagabonds au point de vue psychologique.
Stanislas Meunier : — Sur l'Application de la méthode expérimentale à la géologie.
Gabriel Dromard : — L'Obsession impulsive et l'inspiration dans l'art.

Notes et Analyses :

Jules de Gaultier : — *Leibnitz et l'organisation religieuse de la terre* (Baruzi).
Anna Drzewina : — *Essais optimistes* (Metchnikoff).
Maurice Vernes : — *Le Système historique de Renan* (Sorel).
R. de Passillé : — Maréchal, seigneur de Bièvre.

Livres nouveaux.

**N° 44. — 15 août 1907.**

A. Meillet, professeur au Collège de France : — La Religion indo-européenne.
Eugène Fabry : — Les Approximations successives de la science.
Gonzague Truc : — Sur la valeur éthique du christianisme.
Xavier Perreau : — La Pluralité des modes et la théorie générale de la musique, applications harmoniques (avec plusieurs exemples).

Notes et Analyses :

H. Piéron : — La Question du rôle des fibres centrifuges du nerf optique (avec une figure).

Livres nouveaux.

**N° 45. — 15 septembre 1907.**

A. Brachet : — Le But et les méthodes de l'embryologie moderne.
Edouard Dujardin : — Notes sur le prophétisme.
Jacques Mesnil : — Des Critériums objectifs dans l'histoire de l'art.
G. Dromard : — La Poésie, le rêve et la folie.

Notes et Analyses :

E.-J. Durand : — *L'Education physique raisonnée* (Georges Hébert).

**N° 46. — 15 octobre 1907.**

Gustave Le Bon : — La Naissance et l'évanouissement de la matière.
L. Dugas : — La « Nolonté ».
Alphonse Dunoyer : — Un Episode de la conjuration de l'étranger sous la Terreur.
E. Dujardin : — Notes sur le prophétisme (*fin*).

Notes et Analyses :

Jules de Gaultier : — *Essai critique sur le système du monde* (H. de Keyserling).
Georges Bohn : — *De l'activation des sucs digestifs par les sels de calcium* (G. Delezenne).
A. van Gennep : — Religion, magie, droit et vol.

Livres nouveaux.

**N° 47. — 15 novembre 1907.**

Georges Matisse : — Le Talent musical et ses conditions anatomiques (avec 3 figures).
Abbé V. Ermoni : — Le Catholicisme et la pensée contemporaine.
M. Pierrot : — Le Mouvement syndical en France et ses tendances.
P. Hachet-Souplet : — L'Etude expérimentale de la psychologie dans les parcs zoologiques, et particulièrement au Muséum.

Notes et Analyses :

Ernest Rabaud : — Les « Discours d'ouverture » de J.-B. Lamarck.
J. de Gaultier : — *L'Evolution créatrice* (Bergson).
A. Joxe : — *Le Monde végétal* (Gaston Bonnier).

Livres nouveaux.

**N° 48. — 15 décembre 1907.**

René Dussaud : — La Méditerranée préhellénique d'après les fouilles récentes en Crète.
C. Bruyant : — Esquisses limnologiques.
L^t-colonel Blaymad : — Les Grands enseignements de la guerre russo-japonaise, résumé de l'ensemble des opérations, l'artillerie (avec 2 cartes).

Notes et analyses :

Remy de Gourmont : — Boscovich et la composition de la matière.
Anna Drzewina : — *Mutation et traumatismes* (L. Blaringhem).
A. Dauzat : — *L'Argot ancien* (L. Sainéan).
A. van Gennep : — Les Débuts de l'Etat et ses rapports avec les groupements sexuels, d'après M. Edouard Meyer.
Georges Matisse : — *L'Allemagne moderne, son évolution* (Henri Lichtenberger).

Livres nouveaux.

Poitiers. — Imprimerie de la *Revue des Idées* (Blais et Roy), 7, rue Victor-Hugo.

www.ingramcontent.com/pod-product-compliance
Ingram Content Group UK Ltd.
Pitfield, Milton Keynes, MK11 3LW, UK
UKHW020345250726
13967UKWH00005B/2126